Traduire pour l'enfance à l'ère du numérique

Travaux interdisciplinaires et plurilingues
VOL. 40

La collection « Travaux Interdisciplinaires et Plurilingues » a pour but de favoriser la recherche interdisciplinaire et plurilingue en France et dans d'autres pays européens. Elle accueille des ouvrages qui contribuent à la compréhension des concepts intraduisibles ainsi que de l'imaginaire national et social en France et en Europe. Elle est ouverte aux travaux de recherche en histoire, linguistique, sciences sociales et littérature, ainsi qu'aux publications scientifiques du CRPM (Centre de recherches pluridisciplinaires multilingues, EA 4418) de Paris Ouest.

Collection placée sous la direction
de Dorothée Cailleux, Lucia Quaquarelli et Licia Reggiani

Comité scientifique
Sylvie Aprile, *Université Paris Nanterre*
Pascale Cohen-Avenel, *Université Paris Nanterre*
Michael Cronin, *Trinity College Dublin*
Rainier Grutman, *Université d'Ottawa*
Marina Guglielmi, *Università di Cagliari*
Brigitte Krulic, *Université Paris Nanterre*
Rita Monticelli, *Università di Bologna*
Jean Robert Raviot, *Université Paris Nanterre*
Lawrence Venuti, *Temple University*
Eric Vial, *Université de Cergy-Pontoise*
Yoan Vilain, *Humboldt Universität Berlin*
Dirk Weissmann, *Université Toulouse Jean Jaurès*

Sara Amadori

Traduire pour l'enfance à l'ère du numérique

PETER LANG

Bruxelles · Berlin · Chennai · Lausanne · New York · Oxford

Informations bibliographiques publiées par la Deutsche Nationalbibliothek
La Deutsche Nationalbibliothek répertorie cette publication dans la Deutsche Nationalbibliografie ; des données bibliographiques détaillées sont disponibles en ligne à l'adresse suivante : http://dnb.d-nb.de.

Ouvrage publié avec le soutien financier du Département de Langues, Littératures et Cultures Etrangères (Dipartimento di Lingue, Letterature e Culture Straniere - LLCS) de l'Université de Bergame.

ISSN 1663-9367
ISBN 978-3-0343-5956-6 (Print)
ISBN 978-3-0343-6145-3 (E-PDF)
ISBN 978-3-0343-6148-4 (E-PUB)
DOI   10.3726/b22966
Dépôt légal D/2025/5678/49

© 2025 Peter Lang Group AG, Lausanne (Suisse)
publié par P.I.E. PETER LANG s.a., Bruxelles (Belgique)

info@peterlang.com

Tous droits réservés.
Toutes les parties de cette publication sont protégées par le droit d'auteur. Toute utilisation en dehors des strictes limites prévues par la législation sur le droit d'auteur, sans l'autorisation de l'éditeur, est interdite et passible de poursuites.

Cela s'applique en particulier aux reproductions, traductions, microfilms, ainsi qu'au stockage et au traitement dans des systèmes de récupération électroniques.

Cette publication a été évaluée par des pairs.

www.peterlang.com

A Edoardo et Matilde.

Table des matières

Liste des figures 9

Préface 13

Introduction 17

CHAPITRE 1
L'appli-livre et le livre enrichi :
derniers-nés du monde de l'édition numérique
1.1. La littérature de jeunesse numérique entre tradition et innovation .. 21
1.2. Traduction et transmédialité : du papier au texte numérique natif ... 26
1.3. Nouvelles pratiques de lecture multimodales 39
1.4. Appli-livres et livres enrichis pour enfants et jeunes adultes,
       entre jeu, éducation et littérature 44

CHAPITRE 2
Ombres et lumières d'un nouveau marché éditorial
2.1. Une nouvelle forme éditoriale dans un marché en évolution 51
2.2. Naissance et vie de l'appli-livre et du livre enrichi :
       témoignages éditoriaux 54
2.3. Le paratexte numérique :
       repenser la notion de péritexte et d'épitexte 60
2.4. Paratextes numériques et « *ethos* éditorial » 63

CHAPITRE 3
Le défi de traduire un texte plurisémiotique
3.1. La traduction de la littérature numérique : un domaine de recherche encore faiblement exploré 101
3.2. L'appli-livre et le livre enrichi : un nouveau « technogenre » de discours 105
3.3. La traduction littéraire numérique : un tournant technologique et sémiotique nécessaire 109
3.4. La traduction de l'*icono-lettre* et du *rythme numérique* des appli-livres et des livres enrichis 118

CHAPITRE 4
Traduire la *copia* sémiotique de la littérature numérique d'enfance
4.1. « Sémio-éthicité » et « sémio-poéticité » de la traduction littéraire numérique 125
4.2. La « lettre » et l'« icono-lettre » appauvries des traductions des appli-livres et des livres enrichis pour enfants 128
4.3. La traduction littérale d'une « icono-lettre » immersive destinée à un public de jeunes adultes 151

Conclusion 167

Bibliographie 177

Liste des figures

Chapitre I

Figure 1.1. © *La grande fabrique des mots,* écrit par Agnès de Lestrade et illustré par Valeria Docampo, Mixtvision Verlag, 2010. 48

Chapitre II

Figure 2.1. © *Avec quelques briques*, Vincent Godeau et Cléa Dieudonné, 2014. 70

Figure 2.2. © *Avec quelques briques*, Vincent Godeau et Cléa Dieudonné, 2014. 70

Figure 2.3. © *Avec quelques briques*, Vincent Godeau et Cléa Dieudonné, 2014. 71

Figure 2.4. © *Avec quelques briques*, Vincent Godeau et Cléa Dieudonné, 2014. 72

Figure 2.5. © *Avec quelques briques*, Vincent Godeau et Cléa Dieudonné, 2014. 72

Figure 2.6. © *Alice au Pays des Merveilles illuminé par Pat Andrea*, Diane de Selliers, éditeur, 2015. 74

Figure 2.7. © *Alice au Pays des Merveilles illuminé par Pat Andrea*, Diane de Selliers, éditeur, 2015. 75

Figure 2.8. © *Phallaina*, écrit et illustré par Marietta Ren, Small Bang, 2016. 77

Figure 2.9. © *Voyage au centre de la terre*, L'Apprimerie, 2012. 83

Figure 2.10. © *Voyage au centre de la terre*, L'Apprimerie, 2012. 84

Figure 2.11. © *Voyage au centre de la terre*, L'Apprimerie, 2012. 85
Figure 2.12. © *Voyage au centre de la terre*, L'Apprimerie, 2012. 86
Figure 2.13. © *Le Horla*, L'Apprimerie, 2014. 88
Figure 2.14. © *Le Horla*, L'Apprimerie, 2014. 89
Figure 2.15. © *Le Horla*, L'Apprimerie, 2014. 91
Figure 2.16. © *Le Horla*, L'Apprimerie, 2014. 92
Figure 2.17. © *Le Horla*, L'Apprimerie, 2014. 93
Figure 2.18. © *Le Horla*, L'Apprimerie, 2014. 95
Figure 2.19. © *Le Horla*, L'Apprimerie, 2014. 96
Figure 2.20. © *Le Horla*, L'Apprimerie, 2014. 98
Figure 2.21. © *Le Horla,* L'Apprimerie, 2014. 99

Chapitre IV

Figure 4.1. © *Conte du haut de mon crâne,* écrit par Séverine Vidal et illustré par Claire Fauché, La Souris Qui Raconte, 2014. 136
Figure 4.2. © *Conte du haut de mon crâne,* écrit par Séverine Vidal et illustré par Claire Fauché, La Souris Qui Raconte, 2014. 137
Figure 4.3. © *La grande fabrique des mots,* écrit par Agnès de Lestrade et illustré par Valeria Docampo, Mixtvision Verlag, 2010. 142
Figure 4.4. © *La grande fabrique des mots,* écrit par Agnès de Lestrade et illustré par Valeria Docampo, Mixtvision Verlag, 2010. 142
Figure 4.5. © *Bleu de toi*, écrit, illustré et mis en musique par Dominique Maes, CotCotCot éditions, 2012. 144
Figure 4.6. © *Bleu de toi*, écrit, illustré et mis en musique par Dominique Maes, CotCotCot éditions, 2012. 146
Figure 4.7. © *Bleu de toi*, écrit, illustré et mis en musique par Dominique Maes, CotCotCot éditions, 2012. 147
Figure 4.8. © *Ogre doux*, par Cathy Dutruch, illustré par Juliette Lancien, La Souris Qui Raconte, 2012. 149
Figure 4.9. © *Phallaina*, écrit et illustré par Marietta Ren, Small Bang, 2016. 152

Figure 4.10. © *Phallaina*, écrit et illustré par Marietta Ren,
    Small Bang, 2016. 152
Figure 4.11. © *Phallaina*, écrit et illustré par Marietta Ren,
    Small Bang, 2016. 152
Figure 4.12. © *Phallaina*, écrit et illustré par Marietta Ren,
    Small Bang, 2016. 153
Figure 4.13. © *Phallaina*, écrit et illustré par Marietta Ren,
    Small Bang, 2016. 153
Figure 4.14. © *Phallaina*, écrit et illustré par Marietta Ren,
    Small Bang, 2016. 153
Figure 4.15. © *Alice au Pays des Merveilles illuminé par Pat Andrea*,
    Diane de Selliers, éditeur, 2015. 162
Figure 4.16. © *Alice au Pays des Merveilles illuminé par Pat Andrea*,
    Diane de Selliers, éditeur, 2015. 163
Figure 4.17. © *Alice au Pays des Merveilles illuminé par Pat Andrea*,
    Diane de Selliers, éditeur, 2015. 164

Je tiens à remercier tous les éditeurs et toutes les éditrices d'avoir autorisé la reproduction de ces images gracieusement.

Préface

Dans un contexte où les réflexions sur la traduction de la littérature pour la jeunesse, après l'âge d'or du début des années 2000, tendent à s'effilocher et se focalisent souvent sur des études de cas, le volume de Sara Amadori montre au contraire qu'il reste encore beaucoup à faire, qu'il existe toujours de nouvelles formes textuelles à aborder et qu'élargir ses horizons permet également de renouveler d'un point de vue théorique et méthodologique les études traductologiques dans ce domaine.

Dans son essai, Amadori s'attache en effet à la littérature de jeunesse numérique, et notamment, au sein de ce *mare magnum* très vaste et diversifié, à la production littéraire native, c'est-à-dire conçue intentionnellement pour être reçue sur un support numérique. L'autrice se focalise sur deux formes littéraires spécifiques : les livres enrichis, qui permettent une expérience de lecture linéaire mais qui sont caractérisés par une multimodalité remarquable en termes d'illustrations animées ou statiques, musique, son et vidéos ; et les appli-livres, qui peuvent être lus au moyen d'applications de lecture et qui se présentent comme des pages web avec un écran d'accueil d'où l'on peut sélectionner les différentes activités, à l'enseigne donc de l'interactivité et de la multimodalité. S'il s'agit de produits culturels relativement de niche et dont l'avenir semble incertain, ils montrent tout de même des potentialités impressionnantes et permettent de nouvelles et intéressantes pratiques de lecture. Malgré une certaine méfiance à l'égard de ces livres, on découvre grâce à l'autrice qu'ils favorisent une réception à la fois corporelle, tactile et multisensorielle, encourageant des pratiques de lecture attentive, exhaustive et immersive, avec des retombées positives sur l'alphabétisation des enfants ainsi que sur l'apprentissage des langues étrangères.

De ces nouvelles formes littéraires Amadori approfondit également le marché éditorial, au moyen de plusieurs notions issues de l'analyse de discours et des études sur l'édition, dont l'*ethos* et le geste éditorial. Celles-ci se révèlent particulièrement utiles pour étudier les paratextes – péri, et épitextes – numériques permettant d'identifier « l'énonciation éditoriale' d'un éditeur ou d'une éditrice littéraire numérique », qui « serait ainsi une activité discursive plurisémiotique produisant un '*ethos* éditorial' qui se manifeste par des formes icono-textuelles précises » (p. 62). *Ethos* qui peut être plus proche de celui de la littérature traditionnelle ou bien plus audacieux et innovateur, comme le montre l'analyse d'un corpus français très riche et représentatif, composé d'une vingtaine de livres enrichis et d'appli-livres. Amadori retrace dans ces ouvrages « l'image plurisémiotique souhaitée par la maison d'édition et projetée » (p. 62) au niveau paratextuel, notamment en ce qui concerne le rapport entre la dimension iconique et la composante verbale.

Mais le grand mérite du volume d'Amadori réside avant tout dans la réflexion qu'elle propose sur les enjeux et les défis posés par la traduction de ces ouvrages. Une réflexion qui se base tout d'abord sur la mise en place d'un cadre théorique et méthodologique interdisciplinaire et original : l'autrice conjugue de façon à la fois audacieuse et rigoureuse les contributions de plusieurs théoriciens et théoriciennes en traductologie, analyse de discours, sémiotique de la littérature numérique, édition et communication, et elle les applique à la littérature numérique pour enfants, dont les problématiques traductives n'ont guère été étudiées jusqu'à maintenant. Amadori postule ainsi la nécessité, après le Cultural turn des études traductologiques des années 80, d'un nouveau tournant qui soit à la fois sémiotique et technologique. Dans cette perspective, le traducteur/traductrice (ou l'équipe de traduction, car on opère souvent dans une dimension collaborative) ne peut qu'être un « traducteur pluriel », une notion qu'elle emprunte à Giovanni Nadiani, pour qui ce traducteur doit avoir des compétences et des capacités lui permettant de faire face à des tâches multiples, de nature non seulement linguistique et culturelle, mais aussi technique et informatique. Mais ce type de traduction requiert également une nouvelle terminologie, que l'autrice propose en combinant les acquis d'autres études au cas de la littérature numérique, plus en particulier le concept de la traduction de l'« icono-lettre », à savoir « l'ensemble composite de signes verbaux, acoustiques, visuels, culturels et performatifs, produisant une sémiose littéraire spécifiquement multimodale » (p. 117).

Dans un contexte où l'on tend à adopter une approche pragmatique et fonctionnaliste tournée vers le/la destinataire, que partagent la traduction pour la jeunesse et la traduction audiovisuelle (avec le cas extrême de la localisation), Amadori n'oublie jamais qu'elle aborde des produits culturels et littéraires, dont il s'agit de restituer la dimension esthétique. En s'appuyant sur les travaux d'Henri Meschonnic elle recommande alors la nécessité de traduire le « rythme numérique » des appli-livres et des livres enrichis, conçu « comme l'organisation stratifiée et multimodale de plusieurs systèmes de signes, signifiant à chaque fois de façon spécifique sous des formes variées de répétition, de variation et de synergie entre texte, mouvement, image et son » (p. 118). Le « traducteur pluriel » se situe alors dans une perspective éthique, poétique et politique du traduire, inspirée de Meschonnic, qui revient à reproduire la complexité techno-discursive du texte de départ, « sa richesse rythmique ainsi que sa valeur esthétique dans la langue-culture d'arrivée » (p. 118).

Cette méthodologie rigoureuse permet ensuite à Amadori d'analyser le corpus choisi d'ouvrages numériques en français traduits vers l'anglais (et, dans un cas, de l'anglais vers le français), et notamment de vérifier si la *copia* sémiotique a été préservée lors de la traduction. L'emprunt du terme et de la notion de « traduction copieuse » dérive cette fois de Berman et renvoie à une traduction qui « revient aux sources signifiantes d'un texte littéraire pour lui assurer une nouvelle vie, une épaisseur signifiante renouvelée » (p. 123), ce qui implique, dans le cas de la littérature numérique, une abondance plurisémiotique. L'autrice s'approprie également de façon originale les concepts de traduction éthique et poétique de Berman, qui lui permettent de dépasser la dichotomie entre critique prescriptive et descriptive et de se placer dans une optique « productive ». Cette dernière vise à observer si les traductions peuvent être considérées comme « sémio-éthiques » et « sémio-poétiques » – encore des néologismes forgés par l'autrice à partir des principes de Berman –, « à savoir si elles sont capables de s'ouvrir à la spécificité de l'"icono-lettre" du texte de départ, en l'accueillant dans la langue-culture d'arrivée, et si elles sont en mesure de recréer la textualité multimodale et la littérarité des ouvrages » (p. 124).

L'analyse, menée de façon rigoureuse et illustrée avec précision à l'aide de nombreux exemples significatifs, montre alors une différence entre les ouvrages pour enfants et les produits pour jeunes adultes. Si dans le premier cas on observe des cas d'appauvrissement de l'« icono-lettre », au niveau verbal mais liés aussi à la non « paratraduction » des images qui crée des incohérences au niveau icono-textuel, dans le second, en revanche, la traduction semble plus respectueuse de la « lettre » du texte de départ. Cela relève sans doute d'un phénomène plus vaste – la littérature pour enfants jouit encore aujourd'hui d'un prestige mineur par rapport à la traduction de la littérature tout court et notamment des ouvrages canonisés, et cela « autorise » souvent une approche moins littéraire à la traduction –, Amadori y voit cependant aussi une spécificité liée à ces formes textuelles. Dans le cas des livres enrichis et des appli-livres pour jeunes adultes, en effet, il semble que ces ouvrages soient souvent conçus, dès le départ, pour être traduits et « fonctionner » en version bilingue (ainsi les illustrations sont créées pour ne pas poser de problèmes de localisation). L'analyse montre en même temps que la partie iconique peut représenter une ressource pour la traduction, dans la mesure où elle peut « réintroduire dans le texte traduit des éléments fortement connotés du point de vue linguistique ou socioculturel, qui ont été effacés par la traduction » (p. 170).

Traduire pour l'enfance à l'ère du numérique de Sara Amadori est donc un ouvrage nécessaire qui aborde un sujet négligé et pourtant crucial pour la traductologie. Il restitue toute sa dignité à la traduction pour la jeunesse en la situant dans le contexte contemporain du numérique et en préconisant un tournant à la fois technologique et sémiotique. Par son appel à une plus grande attention à la qualité de ce genre de traductions au niveau éditorial, il montre aussi que le dialogue entre la théorie et la pratique de la traduction est toujours fécond et que ces deux activités peuvent se nourrir réciproquement dans une visée de légitimation et d'amélioration constante.

Roberta Pederzoli

Introduction

L'ouvrage *Traduire pour l'enfance à l'ère du numérique* est une étude traductologique théorique et appliquée, consacrée à la question de la traduction et de la traduisibilité dans l'espace intersémiotique du numérique. Cette recherche se focalise sur un genre nouveau ayant une valeur esthétique et pédagogique certaine, celui de l'appli-livre et du livre enrichi, et propose une réflexion concernant les nouveaux défis posés par la traduction de ces textes plurisémiotiques. La notion de traduction sera ainsi mobilisée notamment en tant que transfert interlinguistique et intersémiotique : cela permettra de montrer comment cette activité se renouvelle et s'actualise de nos jours, exigeant d'être toujours repensée dans toute sa complexité. « Traduction » sera également synonyme de transmédialité dans ce livre, à savoir de transfert intermédiatique en mesure de produire des formes discursives nouvelles, ayant une valeur heuristique et exigeant une réflexion articulée sur plusieurs fronts.

En dépit de la place centrale du numérique dans nos vies quotidiennes, de l'intérêt des formes littéraires nouvelles et des créations artistiques qui ont vu le jour dans le contexte numérique et de la demande croissante de leur internationalisation, les traductologues n'ont pas encore consacré suffisamment d'attention aux enjeux et aux défis posés par la traduction de la littérature numérique. Or, cette traduction s'inscrit notamment dans le cadre théorique de la traduction multimédia. Il existe certes un grand nombre de travaux concernant la traduction audiovisuelle, le sous-titrage, la localisation, la traduction dramatique, d'albums illustrés ou de la bande dessinée. L'étude proposée ici est néanmoins la première portant de façon spécifique sur la traduction de la littérature numérique dans le contexte français. Nous croyons en sa valeur heuristique, et estimons qu'elle peut contribuer à l'avancée de la réflexion traductologique, à travers le dialogue fécond qui sera instauré entre *Translation Studies*, approche sémiotique de la traduction et analyse du discours littéraire.

Les réflexions théoriques consacrées à la traduction de la littérature d'enfance et de jeunesse seront, elles aussi, un point de repère essentiel dans ce livre, qui entend les ouvrir au domaine du numérique par le biais d'une approche méthodologique stratifiée et interdisciplinaire. En effet, le corpus qui sera notre objet d'étude est formé d'une sélection d'appli-livres et de livres enrichis s'adressant à un public d'enfants et de jeunes adultes, publiés entre 2010 et 2020 en version au moins bilingue français-anglais sinon plurilingue. Il s'agit d'un corpus inédit, tant en ce qui concerne le genre choisi que son extension. De plus, la plupart des livres sélectionnés ont reçu des prix ou des mentions spéciales au cours de la décennie considérée, ce qui garantit leur valeur esthétique et pédagogique. Certains des ouvrages, en raison des difficultés de conservation de ces produits numériques, ne sont plus disponibles sur les plateformes où ils étaient vendus, ce qui rend ce corpus particulièrement « précieux ». D'autres études traductologiques proposant une analyse d'aussi longue haleine sur un corpus de ce genre n'existent pas encore.

Organisation de l'ouvrage

Le premier chapitre propose une définition du nouveau genre de l'appli-livre et du livre enrichi, deux types de textes plurisémiotiques qui peuvent être considérés comme les derniers-nés de la littérature numérique, s'adressant spécifiquement à un public jeune ou très jeune. Leur façon de renouveler l'offre éditoriale contemporaine pour enfants et jeunes adultes tout comme la question débattue de leur littérarité sont centrales dans ce premier chapitre. Nous y mettons également en évidence leur valeur pédagogique, leur capacité à développer des pratiques de lecture nouvelles ainsi qu'à favoriser l'apprentissage de la langue maternelle ou des langues étrangères. Une distinction y est enfin proposée entre produits numériques natifs et produits qui résultent d'une migration et d'une adaptation de leurs homologues imprimés. Ce classement est pertinent dans le but de dresser une comparaison entre les produits avec une fonction éminemment narrative, éducative ou ludique, leur visée ayant des conséquences inévitables sur la pratique traduisante.

Le deuxième chapitre aborde la question de l'évolution du marché de l'édition numérique pour l'enfance et la jeunesse en France, suite à l'avènement de la tablette en 2010, qui a encouragé la naissance de nouveaux *pure players* dont l'offre en appli-livres et en livres enrichis est devenue de plus en plus riche. La réflexion concernant ce nouveau genre permet également de repenser la notion de paratexte, dans sa double articulation de péri- et d'épitexte : sa reconfiguration numérique a des retombées importantes au niveau de la réception ainsi que de la promotion éditoriale d'un produit littéraire destiné à l'enfance. Dans ce cadre, l'expérience de « La Souris Qui Raconte », maison d'édition pionnière dans le domaine du livre web pour enfants, et ensuite dans celui de l'appli-livre, est présentée et accompagnée d'extraits d'une interview que sa directrice nous a accordée. Les problèmes posés par l'archivage et la conservation de ces livres numériques, condamnés par les lois du marché à avoir une vie trop brève et éphémère dans l'« âge sombre » numérique, sont également envisagés, en passant en revue d'autres témoignages d'éditeurs ou éditrices[1] qui travaillent dans ce segment du marché de l'édition jeunesse. Une analyse sémio-discursive des péritextes et des épitextes numériques accompagnant les ouvrages numériques du corpus examiné montre enfin que certains éditeurs.trices souhaitent exploiter toutes les ressources multimodales de la tablette ; d'autres visent en revanche à instaurer un rapport de filiation avec la tradition de la littérature jeunesse imprimée, en espérant que ce choix pourra leur assurer une reconnaissance plus immédiate dans le champ littéraire.

La question de la traduction de ces produits numériques est abordée dans le troisième chapitre. En puisant à la fois dans le domaine de l'analyse du discours numérique, des Sciences de l'Information et de la Communication ainsi que de la traductologie, ce chapitre propose d'abord un état de l'art de la question de la traduction de la littérature numérique et ensuite une section visant à définir le mode spécifique de signifier[2] du nouveau genre de l'appli-livre et du livre enrichi. Ce cadre théorique interdisciplinaire est nécessaire pour mettre au point une méthodologie d'analyse du corpus et des notions telles

---

[1] Dans la rédaction de cet ouvrage, l'autrice a choisi de suivre les normes de l'écriture inclusive.
[2] Dans cet ouvrage, nous employons le verbe « signifier » au sens absolu de « produire de la signification ».

que celles d'« icono-lettre » ou de « rythme numérique », fondamentales pour penser et décrire la traduction de la littérature numérique.

Dans le quatrième et dernier chapitre nous examinons les stratégies de traduction mobilisées par les professionnel.le.s qui ont déjà eu l'occasion de faire face aux défis de la traduction littéraire numérique d'enfance et de jeunesse. Même si elle ne néglige pas la fréquence des phénomènes récurrents, notre méthode d'analyse est qualitative, comme l'exige la profonde synergie qui s'instaure entre textes, images, animations, musiques et sons dans ces appli-livres et ces livres enrichis. En suivant une approche descriptive et en proposant un classement par âge de lecture, nous nous interrogeons ainsi sur la nature éthique de ces traductions littéraires numériques, ou plus précisément sur ce que nous définirons leur caractère « sémio-éthique » et « sémio-poétique ».

L'appli-livre et le livre enrichi : derniers-nés du monde de l'édition numérique

1.1. La littérature de jeunesse numérique entre tradition et innovation

Toute œuvre littéraire créée pour n'être reçue que sur un support numérique en raison de sa dimension multimédia, animée ou interactive est une œuvre littéraire numérique selon Bouchardon (2014). Née pour un public adulte dans la deuxième moitié du XXe siècle, la littérature numérique offre une perspective de réflexion nouvelle et féconde, inaugurée par les spécialistes en Sciences de l'Information et de la Communication, mais s'insérant désormais dans le domaine interdisciplinaire des humanités numériques. La diffusion extraordinaire de nouveaux supports de lecture (tablettes, smartphones, etc.), notamment le lancement de l'iPad Apple en 2010, a incité les éditeurs.trices à développer des contenus culturels permettant d'exploiter les potentialités de création de ces nouveaux dispositifs. Ceux-ci sont particulièrement captivants pour un public d'enfants et d'adolescent.e.s (Prieto Ramada 2015 : 39-40), en raison de l'expérience de lecture originale qu'ils proposent et de leur caractère multi-sensoriel et plurisémiotique (Saemmer 2015). Aux yeux de Yokota et Teale (2014 : 577), ces nouveaux produits sont « the most exciting innovation in literature for children in a long time […] because of the opportunities they afford for creators to produce new artistic forms and for children to have new literary experiences ».

Le trait distinctif de la littérature de jeunesse numérique est l'association de « texte (souvent lu par un narrateur), image fixe, animée, musique et son » (Perret-Truchot 2015 : en ligne). Selon Prieto Ramada, un ouvrage numérique de jeunesse a quatre caractéristiques essentielles : c'est un produit informatique, ayant une nature plurisémiotique, interactive et favorisant un mode de lecture nouveau, augmenté et non linéaire :

> we can state that when we speak of electronic literature we are referring to a programmed computer product that is capable of coding multiple semiotic substances in order to construct its discourse and, in addition, allows for the inclusion of the reader as an active participant in the discursive structure, the reading of which tends towards rupture of the traditional linearity of printed text. Four constructive core concepts that tend to present themselves gradually and in an inter-related manner to configure a product that, despite its strangely heterogeneous nature, we believe constitutes a new form of literary creation whose prospects would appear to be, to say the least, exciting (Prieto Ramada 2015 : 50).

Le marché de l'édition numérique d'enfance a eu un essor dans la décennie 2010-2020, et les produits transmédiaux s'adressant à des tranches d'âge variées, du préscolaire à l'adolescence, se sont multipliés. Sur leurs tablettes ces jeunes lecteurs et lectrices, les enfants du numérique, lisent les premières versions numérisées de grands classiques de la littérature d'enfance, désormais presque tous accessibles aussi bien en version imprimée que sur support multimédia. Cette littérature « numérisée » a plus récemment cédé le pas à une littérature « numérique » native[3], particulièrement intéressante en raison de sa complexité sémiotique. En dépit de sa richesse, les recherches concernant l'histoire, la réception, la valeur esthétique et pédagogique de ces produits, sont encore assez rares (Frederico 2014 : en ligne ; Kummerling-Meibauer

---

[3] Bouchardon explique très bien la différence essentielle entre littérature « numérisée » et « numérique » : « Une création de LN est conçue avec et pour le numérique ; elle est destinée à être reçue sur un support numérique et ne pourrait pas être imprimée. Ce critère permet de distinguer une littérature *numérisée* et une littérature *numérique* : la première désigne des créations qui pourraient également faire l'objet d'une publication sur support papier (un fichier pdf par exemple), la deuxième caractérise des œuvres qui perdraient tout sens sur un support papier (en raison d'une dimension multimédia, animée ou interactive) » (2014 : 45).

2015 : 57 ; Yokota et Teale 2014 : 577). Ce manque est par ailleurs compréhensible compte tenu du caractère récent de ce phénomène éditorial.

Le présent ouvrage présente une analyse des deux derniers-nés de cette production littéraire numérique, à savoir le livre enrichi et l'appli-livre pour enfants et adolescent.e.s. Ces produits éditoriaux se situent au carrefour de traditions différentes : la tradition orale, la tradition écrite de l'imprimé, mais également la tradition iconique des illustrations, de l'audiovisuel et du film. Le potentiel communicatif d'une telle « hybridité » icono-textuelle est énorme et invite à se demander comment un tel format « hybride » peut modifier nos pratiques de lecture. Ce panorama innovant pose également la question du potentiel éducatif de ces produits et du rôle qu'ils jouent dans la première alphabétisation de l'enfant, ainsi que dans l'apprentissage des langues étrangères. Dans ce cadre, le « dilemme » de la traduction de la littérature d'enfance (Pederzoli 2012) se complexifie : le genre hybride de ces dispositifs numériques oblige le traducteur ou la traductrice à recourir à des stratégies diversifiées, qui relèvent d'approches théoriques différentes. La dimension ludique et interactive de ces ouvrages numériques exige par ailleurs que la personne qui traduit sache offrir à l'enfant un texte amusant, permettant une lecture immersive et captivante. En outre, la valeur à la fois littéraire et pédagogique de ces livres numériques renouvelle le défi de traduire « pour » l'enfance (Oittinen 2000), en tenant compte aussi bien des exigences du/de la destinataire que de la qualité esthétique du texte.

Dans ce premier chapitre nous proposerons d'abord une définition et un classement des différentes typologies d'ouvrages numériques qui seront examinés dans cette recherche. Ensuite, nous approfondirons la réflexion concernant les pratiques de lecture nouvelles que ces dispositifs induisent et nous nous arrêterons enfin sur la valeur pédagogique de ces dispositifs mise en évidence par les dernières recherches. Ces trois volets sont à nos yeux nécessaires pour pouvoir définir de façon rigoureuse le cadre méthodologique interdisciplinaire dans lequel une réflexion concernant la traduction de ces nouveaux produits numériques pour l'enfance doit s'insérer.

Une première mise au point est ainsi de nature terminologique et vise à délimiter le domaine de recherche de cette étude. Les mots « livre numérique », « livre enrichi » et « appli-livre » sont souvent utilisés de façon imprécise et ambiguë (Stichnothe 2014 : en ligne). Nous en proposerons une définition, pour focaliser ensuite notre attention sur les deux derniers types de dispositifs numériques, le livre enrichi et l'appli-livre. Le livre numérique est une représentation électronique d'un livre à l'origine imprimé (Sargeant 2015 : 457), où le texte et les illustrations statiques ont en général une fonction purement ornementale. Ce double virtuel, appelé souvent livre homothétique, offre la possibilité de feuilleter les pages ou de les agrandir, en les zoomant (Sargeant 2015 : 458) et peut prévoir une option d'enregistrement pour l'adulte de sa propre lecture à voix haute (Unsworth et Zhao 2016 : 88). La multimodalité et l'interactivité qui le caractérisent sont faibles : comme le constate Carioli, qui cite en guise d'exemple le Project Gutenberg, les livres numériques sont les premiers héritiers de la textualité linéaire dans le monde numérique (2018 : 19).

Le livre enrichi, appelé parfois également livre augmenté, est une évolution du « récit littéraire interactif » né sur le web (Bouchardon 2014, 2005). Il permet une expérience de lecture linéaire, qui se fait dans un espace borné, comparable à celui d'un livre imprimé (Carioli 2018 : 21), mais sa multimodalité est remarquable. Des illustrations sont souvent présentes, qui peuvent être animées ou statiques, mais également de la musique ou des extraits vidéo, activables par de simples gestes interactifs (par exemple en appuyant sur un bouton pour faire démarrer la vidéo) (Unsworth et Zhao 2016 : 89). En France, une définition officielle des éléments multimodaux qui peuvent enrichir un livre numérique a été établie par la loi n° 2011-590 du 26 mai 2011[4] et par le décret qui précise les caractéristiques des livres entrant dans le champ d'application de cette loi[5]. Selon Lekehal *et al.*, le livre enrichi est

> [l]a prolongation naturelle du livre homothétique : il s'agit de profiter des possibilités offertes par l'informatique et d'explorer de nouvelles voies de création rendues possibles par la dématérialisation, le multimédia et l'Internet. L'orientation la plus

---

[4] https://www.legifrance.gouv.fr/jorf/id/JORFTEXT000024079563.
[5] « Les éléments accessoires propres à l'édition numérique mentionnés au premier alinéa de l'article 1er de la loi du 26 mai 2011 susvisée s'entendent des variations typographiques et de composition, des modalités d'accès aux illustrations et au texte telles que le moteur de recherche associé, les modalités de défilement ou de feuilletage des éléments contenus, ainsi que des ajouts de textes ou de données relevant de genres différents, notamment sons, musiques, images animées ou fixes, limités en nombre et en importance, complémentaires du livre et destinés à en faciliter la compréhension » (Extrait du décret n° 2011-1499 du 10 novembre 2011 pris en application de la loi n° 2011-590 du 26 mai 2011 relative au prix du livre numérique, disponible en ligne : https://www.legifrance.gouv.fr/loda/id/JORFTEXT000024778333/).

intuitive pour enrichir le livre consiste à introduire un contenu additionnel au livre d'origine. Avec le numérique, l'auteur [...] peut faire appel à des médias temporels comme la vidéo ou le son intégrés au sein du texte, alors que dans le monde du papier, la seule possibilité reste l'adjonction d'un support optique (CD ou DVD) ou l'indication de liens Internet (non cliquables évidemment) à l'intérieur du texte (Lekehal *et al.* 2013 : 38).

Les livres enrichis, généralement en format e-Pub en raison de leur faible interactivité, sont distribués et lus en utilisant des applications de lecture, telles qu'iBook ou Kindle. Le logiciel supportant la création ainsi que la plateforme d'hébergement sont à la base de la distinction essentielle entre livre enrichi et appli-livre : ce dernier est un dispositif numérique spécifiquement conçu pour être reçu sur un écran tactile, une tablette ou un smartphone. Comme le confirme Gobbé-Mévellec, « la principale différence avec le livre enrichi tient à leur ergonomie : les applications livresques s'organisent comme des pages web avec un écran d'accueil à partir duquel on accède à des activités variées » (2014 : en ligne). En effet, les appli-livres sont des « stand-alone mobile applications » (Unsworth et Zhao 2016 : 89), caractérisées par un haut degré d'interactivité et de multimodalité. Dans les appli-livres, vendus sur l'App Store de Apple ou sur Google Play d'Android, le texte écrit est associé aux images, à des animations ou à des extraits vidéo ou audio, mais aussi à des activités ludiques. Sargeant propose une définition exhaustive d'appli-livre :

> Apps are computer software programs that are well suited to delivering high levels of interactive, media-rich content [...]. They can seamlessly integrate written text, visuals, audio and interaction design. [...] Book app designers can take advantage of all the affordances that the digital environment offers [...]. As books incorporate higher levels of interactivity, the reader, in turn, is likely to become more active. The reader becomes the user: people read ebooks, whereas they use book apps. By differentiating ebooks from book apps in this way, some clarity can be given to the design and analysis of children's digital books (2015 : 459-461).

La technologie de l'appli-livre permet ainsi de revenir, comme l'explique Gobbé-Mévellec, « vers les fondamentaux de la communication enfantine : le tactile, le ludique, l'interactif [...]. Lire, ce 'n'est plus' être sage, c'est agir, c'est bouger, c'est finalement [...] 'enraciner le liseur dans le geste' » (Gobbé-Mévellec 2014 : en ligne). L'application livresque condense de manière inédite dans l'histoire de l'édition la pluralité de formes textuelles et expressives caractérisant la littérature d'enfance : sa syntaxe narrative se développe de manière dense, sémiotiquement stratifiée, se situant à la croisée des formes du livre-jeu, du livre pop-up et des albums illustrés. Il est aisé de comprendre pourquoi c'est dans « [c]e domaine [que] le livre pour enfants s'est jusqu'ici le plus développé » (Gobbé-Mévellec 2014 : en ligne). La richesse et la diversité de cette nouvelle offre éditoriale numérique invite ainsi à approfondir la réflexion concernant les modalités de la transition du papier au texte numérique natif.

1.2. Traduction et transmédialité : du papier au texte numérique natif

Les recherches proposant un classement de ces produits numériques pour l'enfance et analysant la variété et la richesse de cette offre éditoriale sont encore peu nombreuses (Manresa et Real 2015 : 12). Un effort descriptif est néanmoins nécessaire afin de re-conceptualiser les présupposés théoriques de ce domaine de recherche (Al-Yaqout et Nikolajeva 2015 : 12 ; Nikolajeva 2015 ; Garavini 2018 : 39) et de développer une méthodologie d'analyse scientifique de ces textes ainsi que de leurs traductions. Les classements proposés par des sites ayant une nature strictement commerciale montrent que les producteurs et les distributeurs ne proposent pas de classements rigoureux espérant peut-être ainsi pouvoir atteindre par leurs produits un public le plus large possible. Salter signale par exemple le manque de fiabilité du classement proposé sur l'Apple Store :

> The Apple App Store doesn't have an explicit market section for finding electronic literature, and thus it is through interface and intention alone that texts can be grouped into this categorization. […] [M]ost apps are grouped either as "Apps" or "Games." Interactive books with similar interfaces and capabilities can be found under both of those categories, as well as in many subheadings including Education, Entertainment, and of course Books (2015 : en ligne).

L'appartenance hybride des appli-livres et des livres enrichis à plusieurs genres incite à repenser toute distinction trop nette entre dimension esthétique, littéraire et ludique de ces dispositifs numériques. Les pédagogues qui ont fait un premier effort de catégorisation de la littérature numérique d'enfance, ont adopté une approche de type diachronique. Carioli, en s'inspirant du classement élaboré par Yokota et Teale (2014 : 579), propose ainsi de distinguer quatre catégories (2018 : 24-29), qui retracent les métamorphoses principales à la lumière de grands développements technologiques dans ce domaine, à partir de la numérisation des classiques de la littérature d'enfance destinés aux bibliothèques numériques jusqu'aux très récents appli-livres.

Font partie de la première catégorie, située au début du XXIe siècle, les livres imprimés qui ont ensuite été numérisés pour un archivage en ligne, sans aucune modification de la version originale. La couverture, les feuilles de garde, la forme du livre, la position des illustrations, la taille de la police sont identiques à ceux de la version papier. Les livres qui ont été transformés en version filmique forment la deuxième catégorie, qui suit, du point de vue chronologique, la précédente. Ces vidéos étaient d'abord enregistrées sur des CDs qui accompagnaient la version papier, ensuite elles ont été rendues disponibles sur le Web. L'introduction de la voix d'un narrateur ou d'une narratrice, associée au texte et/ou aux illustrations, était fréquente. Dans la troisième catégorie nous trouvons des livres numériques datant de la première décennie du XXIe siècle, qui proposent des enrichissements audio et vidéo activables par le lecteur ou la lectrice, des animations, de la musique ou des *hot spot*. La quatrième catégorie, qui couvre la période 2010-2020, peut être considérée comme l'âge d'or de l'appli-livre : elle est caractérisée par la publication de textes ayant un haut degré d'interactivité, dans lesquels une narration multimodale est associée à des activités interactives, pédagogiques et à des jeux (par exemple un memory, un jeu des sept erreurs, des puzzles, des images à mettre dans l'ordre, un cherche-et-trouve, éventuellement un quiz). Plusieurs fonctionnalités censées accompagner la lecture sont souvent disponibles : le lecteur ou la lectrice peut écouter la voix d'un narrateur/d'une narratrice (option « lis pour moi »), lire de façon autonome le texte (option « je lis seul ») ou enregistrer sa propre lecture ou celle d'un adulte. La présence de la musique d'ambiance, des effets sonores, le choix de la langue sont des paramètres que le/la jeune lecteur/lectrice peut régler. Cette quatrième catégorie est celle qui définit le mieux l'entrée de la littérature numérique de jeunesse dans l'ère de « l'hypermédia », selon la définition de Gobbé-Mevellec (2014 : en ligne)[6].

---

[6] « Directement issue du numérique, la notion d'hypermédia définit à la fois un mode de lecture et un mode d'écriture non linéaires, grâce à la présence de liens activables dans les documents, les hyperliens, qui renvoient à des données multimédia et établissent ainsi des liens entre des éléments textuels, visuels et sonores. » (Gobbé-Mevellec 2014 : en ligne).

La catégorisation des différents types de narrations numériques proposée par Carioli se superpose partiellement à celle qui a été élaborée par Colombier (2013) pour les albums numériques réservés aux plus petits[7]. Dans les deux cas, la question du rapport de filiation entre version imprimée et version numérique est centrale. Dans ce cadre, une autre distinction, qui n'est pas nécessairement de nature diachronique, est pertinente à nos yeux : celle proposée par Prieto Ramada (2015 : 40), entre textes numériques natifs (*native digital*) et textes numériques immigrés (*immigrant digital*). Les textes natifs auraient été conçus dès le début comme des appli-livres ou des livres enrichis, tandis que les autres seraient le résultat d'une adaptation numérique plus ou moins poussée d'un texte imprimé.

Cette distinction a orienté de façon significative le choix des ouvrages sélectionnés pour constituer le corpus de cette recherche, que nous présentons de façon synthétique dans le tableau suivant, et qui seront décrits dans le détail dans la suite de ce chapitre :

Table 1. Corpus d'appli-livres et de livres enrichis[8].

	Ouvrages natifs numériques	Ouvrages immigrés numériques
Ouvrages pour l'enfance	*Dans mon rêve* (2012) – appli-livre (français, anglais)	*La grande fabrique des mots* (2010) – appli-livre (français, anglais, allemand)
	Bleu de toi (2012) – appli-livre (français, anglais)	*Avec quelques briques* (2014) – appli-livre (français, anglais, néerlandais)
	Ogre doux (2012) – appli-livre (français, anglais)	

---

[7] « On trouve donc de tout aujourd'hui : albums homothétiques reproduisant exactement leurs homologues de papier ; albums 'enrichis' intégrant notamment des fonctionnalités comme une narration ou une sonorisation ; albums 'recréés' réinventant leur base de papier en proposant des animations, des interactivités, des prolongements ; créations 'ex nihilo' plus ou moins éloignées de l'univers du livre, certaines reprenant scrupuleusement ses codes, d'autres s'en affranchissant complètement » (Colombier 2013 : 38-39).

[8] Le classement proposé dans ce tableau est de l'autrice de cette étude.

Table 1. Suite

	Ouvrages natifs numériques	Ouvrages immigrés numériques
	Thibaut au pays des livres (2012) – appli-livre (français, anglais)	*Oh !* (2016) – appli-livre (français, anglais)
	L'ogresse (2012) – appli-livre (français, anglais)	*Cache-cache ville* (2017) – appli-livre (français, anglais, italien, espagnol)
	Le grand imagier de Petit Ours brun (2013) – appli ludo-éducative (français, anglais)	
	Il suffit parfois d'un cygne (2014) – livre enrichi (français, anglais)	
	Conte du haut de mon crâne (2014) – livre enrichi (français, anglais)	
	Boum ! (2015) – appli-livre (français, anglais)	
	Mystère préhistorique (2015) – appli jeu vidéo (français, anglais, espagnol, allemand, italien, portugais)	
	La maternelle Montessori (2019) – appli ludo-éducative (français, anglais, allemand, espagnol, chinois, coréen)	
Ouvrages pour l'adolescence	*L'homme volcan* (2011) – appli-livre (français, anglais)	*Voyage au centre de la terre* (2012) – livre enrichi (français, anglais)
	Phallaina (2016) – appli-livre (français, anglais)	*Le Horla* (2014) – livre enrichi (français, anglais)
	The Wanderer : Frankenstein's Creature (2019) – appli jeu video (français, italien, anglais, portugais, russe, espagnol, allemand).	*Alice au Pays des Merveilles illuminé par Pat Andrea* (2015) – livre enrichi (français, anglais)

Comme le tableau ci-dessus le montre, les ouvrages choisis sont aussi bien des « immigrés numériques » que des « natifs numériques ». En outre, nous avons sélectionné des livres enrichis et des appli-livres s'adressant tant à un public jeune ou très jeune qu'à un public de *young adults*. La plupart de ces ouvrages ont une visée narrative, mais nous avons considéré aussi des applications ayant une visée ludique ou éducative. Dans le cas des ouvrages à visée narrative dominante, plusieurs genres ont été pris en compte : du roman au récit, de la bande dessinée à l'album, afin de vérifier comment les stratégies de traduction mobilisées varient selon le genre discursif, l'âge du public et le type de produit numérique envisagés.

Le corpus de cette recherche a été constitué en 2020 : nous avons sélectionné des ouvrages publiés pendant la décénnie 2010-2020, en prenant comme point de départ le moment où le marché de l'édition numérique a enregistré une première vague de production de ces ouvrages numériques, pour en suivre ensuite l'évolution dans le temps. En outre, tous les ouvrages du corpus ont été publiés au moins en version bilingue français-anglais : c'est sur ce couple de langues que notre analyse traductologique se focalisera. Dans tous les cas, il s'agit d'ouvrages produits par des éditeurs ou éditrices français.e.s. Dans un seul cas, l'éditeur n'est pas français, mais allemand (pour *La grande fabrique des mots*). *Avec quelques briques* est, quant à lui, le résultat d'une publication indépendante sur l'App Store, fruit de la collaboration entre l'auteur, Vincent Godeau, et Cléa Dieudonné. Les deux appli-livres sont néanmoins des « immigrés numériques » résultant de la migration numérique d'ouvrages imprimés publiés en France. Un dernier critère important qui a orienté le choix des ouvrages à inclure dans notre corpus a été l'obtention d'un prix ou d'une mention littéraire, ceux-ci étant considérés comme une garantie de la qualité littéraire des ouvrages concernés.

Les textes numériques immigrés

Les livres enrichis ou les appli-livres pour enfants ou adolescent.e.s sont souvent le résultat d'un transfert d'un médium plus ancien à un autre, émergeant : cette « transmédialité » produit une traduction « intersémiotique » selon la définition de Jakobson (1963 : 79). Dans le cadre de la littérature numérique d'enfance deux types de traduction « intersémiotique » sont fréquents selon Unsworth et Zhao (2015 : 89) : un « emprunt translucide » (*translucent borrowing*), qui présente l'ancien médium (le papier) comme profondément renouvelé et amélioré par le numérique ; et une « restructuration » (*refashioning*) par laquelle l'ancien médium est remodelé, tout en restant présent et perceptible. Dans ce deuxième cas, la « transmédialité » manifeste la coprésence de médias.

Le premier type de traduction « intersémiotique », l'« emprunt translucide », détermine la création de ce que Farkas (2017 : en ligne) appelle « hypermedia app », à savoir un dispositif numérique qui transforme la version imprimée en une narration hypermédia :

> Hypermedia book-apps [...] playfully mix text with visual, auditory, and haptic elements transforming the reading process into a multi-sensory experience. In this more adventurous and multimedia type of book-apps, we find that textuality is dispersed and sometimes even obstructed by a variety of semiotic systems (Farkas 2017 : en ligne).

La « restructuration », qui résulte du deuxième type de traduction « intersémiotique », détermine la création d'une « paratextual book app » (Farkas 2017 : en ligne), à savoir d'un dispositif construit à partir de la matérialité du texte papier et qui montre le rapport avec sa source. Le papier est parfois imité à l'écran par des formats qui mettent en évidence par quels procédés la construction textuelle des « grands œuvres littéraires » s'est faite. La textualité devient ainsi centrale dans ces appli-livres, ainsi que la critique académique qui a consacré ces ouvrages dans le champ littéraire (Farkas 2017 : en ligne). Dans cette étude, la distinction élaborée par Farkas ne sera pas limitée aux appli-livres, mais étendue aux livres enrichis. Ainsi, un appli-livre ou un livre enrichi « paratextuel » tend à manifester et à rendre explicite son rapport de filiation avec la tradition papier ainsi qu'avec le contexte académique et éditorial qui a légitimé et canonisé l'ouvrage, souvent un classique de la littérature d'enfance.

Les trois versions numériques d'*Alice in Wonderland*, deux appli-livres et un livre enrichi, que nous présenterons par la suite sont des exemples intéressants de dispositifs « paratextuels ». Carioli (2017 : en ligne) analyse les deux appli-livres, *Alice for the iPad* (2010)[9] et *Alice in Wonderland* (2014)[10]. Dans les deux cas, la volonté de poursuivre le dialogue avec la matérialité de la version originale

---

[9] Atomic Antelope, *Alice for the iPad*, London, 2010.
[10] A1000Castles, *Alice in Wonderland* by Lewis Carroll, original illustration by Arthur Rackham, PURPLEPRINT Creative S.L., 2014.

est évidente : *Alice for the iPad* est le résultat d'une reconfiguration numérique faite à partir de la *Nursery Edition* de 1890, une version abrégée du classique, sortie après une longue négociation de l'auteur avec l'éditeur et l'illustrateur. Les illustrations sont de John Tenniel, qui colora, pour cette édition, une vingtaine d'images prévues à l'origine pour *Alice's Adventures in Wonderland* (1865). Comme dans la version imprimée, Alice est habillée d'une jolie robe jaune, d'un ruban bleu et d'un tablier blanc. Le texte écrit est accompagné de quelques animations, les pages-écran sont couleur sépia et créent un effet de papier vieilli et usé par le temps : la volonté d'inscrire ce texte numérique dans l'héritage du livre papier est manifeste. Au bas de chaque page-écran, il y a le visage souriant du chat du Cheshire : en appuyant sur cette icône le lecteur ou la lectrice poursuit sa lecture jusqu'à la table des matières. Le chat est également présent au milieu de la couverture de l'appli-livre *Alice in Wonderland* (2014), qui reprend en version numérique les illustrations originales d'Arthur Rackham et l'ambiance romantique et raffinée qu'elles créent. L'appli-livre offre des aides à la lecture, ainsi que des animations interactives, qui plongent le lecteur ou la lectrice dans l'histoire tout en lui offrant une expérience ludique et stimulante. Une opération de « restructuration » est à l'origine de ces deux applis, comme le confirme Carioli :

> La version numérique, dans ce cas, a restauré en haute définition ces premières illustrations, les a animées, les a rendues interactives, a offert l'histoire à un public de jeunes lecteurs qui, dans le meilleur des cas, ne jouit des classiques de la littérature d'enfance que dans leur version cinématographique (2018 : 96)[11].

Un troisième exemple intéressant de « restructuration » est le livre enrichi (qui fait partie du corpus de cette recherche) *Alice au Pays des Merveilles illuminé par Pat Andrea*, publié en édition numérique bilingue par Diane de Selliers (la traduction française est d'Henri Parisot). Le livre a d'abord été publié en

---

[11] Nous avons choisi de traduire en français les citations en italien. Dans ce cas, comme dans les suivants, le texte italien est reporté dans la note en bas de page : « Il digitale, in questo caso, ha operato un restauro in alta definizione di quelle prime rappresentazioni, le ha animate, le ha rese interattive, ha offerto la storia a un pubblico di giovani lettori che, nella migliore delle ipotesi, fruisce dei classici della letteratura per l'infanzia soltanto nella loro versione cinematografica ». Nous n'avons pas éprouvé le même besoin pour les citations d'ouvrages écrits en anglais, la connaissance de cette langue étant désormais partagée par la communauté scientifique internationale.

version papier en 2006, en format 150 x 180 cm, dans la collection « Les grands textes de la littérature illustrés par les grands peintres », et réédité en mars 2015 dans « La petite collection ». La traduction « intersémiotique » du texte papier est accompagnée d'un riche appareil péritextuel : un avant-propos de l'éditeur, suivi d'une préface écrite spécifiquement pour la version numérique par Marc Lambron, ayant pour titre « De l'autre côté des pixels ». Lambron a écrit également la préface de la version papier, intitulée « Alice et le code Andrea », qui a été reprise en postface du livre enrichi.

Dans la version numérique, les illustrations de Pat Andrea ont été animées de façon magistrale par Félix Medioni, qui a déclaré : « C'était un travail d'équipe. Nous avons décidé d'extraire des images des 24 tableaux énormes de Pat Andréa, qui font 3 mètres sur 2, nous les avons animés afin d'en faire un vrai livre interactif »[12]. Le texte se déroule verticalement et, au fur et à mesure de la lecture, des détails extraits des tableaux apparaissent et s'animent. Le support numérique rend l'œuvre du peintre dynamique et vivante, comme le constate Lambron dans la préface à l'ouvrage : « c'est le texte même, dans sa matérialité, qui semble rêver [...]. Du papier aux pixels, l'œuvre de Pat Andrea devient cinétique : l'e-book, par sa plasticité, [...] engendre aujourd'hui un tiers-texte » (Lambron 2015 : n.p.).

Le dialogue animé qui s'instaure entre texte et images dans le livre enrichi offre ainsi au/à la destinataire la possibilité de partager l'interprétation proposée par Pat Andrea du roman de Carroll : son *Alice* n'est plus seulement celle de Tenniel ou de Rackham, elle a été renouvelée, rajeunie par la traduction iconique du peintre, qui suit les lois de ce que Lambron appelle « *le code Andrea* ». Tel un jazzman, Andrea « *jamm[e]* avec Lewis Carroll, répon[d] en écho à ses rafales de charades, cryptogrammes, énigmes, paralogismes et autres *nonsenses* » (Lambron 2015 : n.p.). Ce livre numérique est ainsi le résultat d'une double traduction « intersémiotique » : d'abord celle de Pat Andrea, qui a interprété, recréé, retraduit le texte de Carroll en vingt-quatre tableaux, et ensuite celle de Félix Medioni, qui, en réalisant ce livre enrichi, a proposé une expérience de lecture interactive et dynamique de la version papier, avec la même valeur esthétique et littéraire.

---

[12] Cit. in « Les lauréats du Prix du livre numérique Youboox ! », article publié le 9/12/2015 par IDBOOX, disponible en ligne: https://www.idboox.com/news-livres/les-laureats-du-prix-du-livre-numerique-youboox/.

Selon Farkas (2017 : en ligne), les grands classiques littéraires sont souvent transformés en appli-livres « paratextuels », comme dans le cas susmentionné d'*Alice in Wonderland*. En revanche, d'autres textes relevant d'une littérature populaire (par exemple du genre policier, horreur, gothique, fantastique) ou d'une littérature perçue comme mineure, comme la littérature d'enfance, deviennent plutôt des « hypermedia app ». Ces appli-livres ou livres enrichis « hypermédia » ont un remarquable potentiel d'interactivité et mélangent le texte de départ avec d'autres systèmes sémiotiques (illustrations, photos, animations, extraits filmiques, sons, musiques, bruits, narration à voix haute) pour créer une lecture propre à susciter un moment de divertissement. Quelques exemples remarquables de ce type d'appli-livres ou de livres enrichis, faisant tous partie du corpus de cette recherche, seront maintenant présentés. Dans tous les cas il s'agit de dispositifs numériques qui « traduisent » une version imprimée : un livre pop-up ou un album illustré pour enfants, un récit ou un roman pour adolescent.e.s.

Oh ! (2016) est un appli-livre « hypermédia » écrit, illustré, mis en musique et développé par Anouck Boisrobert et Louis Rigaud. Cette appli propose une traduction « intersémiotique » du livre-pop-up *Oh ! mon chapeau* publié par les deux auteurs en 2014 chez l'éditeur parisien Hélium. L'appli permet à l'enfant de faire glisser du bout des doigts sur l'écran des formes colorées (les mêmes que le livre papier), qui se mélangent, se métamorphosent et produisent des dessins bizarres et poétiques, qui ensuite s'animent. En retournant la tablette, les dessins changent, stimulant ainsi la créativité de l'enfant. *Cache-cache ville* (2017) écrit et illustré par Agathe Demois et Vincent Godeau, développé par Etamin Studios, est une ville que l'enfant peut explorer à l'aide d'une loupe magique pour voir à travers les murs et découvrir ce qui se cache dans les maisons, les arbres et les voitures. De courtes vidéos animées satisfont la curiosité de l'enfant en lui montrant des détails de la vie des habitants. Un bouton « atelier » permet ensuite à chacun.e de dessiner ce qu'il/elle veut à l'intérieur des maisons. L'appli-livre, imaginé d'après le livre *La grande traversée* des mêmes auteur.e.s (Seuil Jeunesse, 2014), vit en symbiose avec le livre papier *Cache-cache ville* paru en 2018 (Seuil Jeunesse) : le lecteur ou la lectrice peut choisir d'utiliser la loupe affichée à l'écran de l'appli-livre ou celle présente dans le livre papier. *Avec quelques briques* (2014), écrit et illustré par Vincent Godeau, adapté au numérique par Cléa Dieudonné, développé par Christian de Wit, est l'histoire d'un garçon qui grandit en mangeant des briques : l'appli-livre thématise la difficulté de construire sa propre identité et de découvrir ses sentiments les plus profonds. L'ouvrage est une traduction « intersémiotique » du livre pop-up publié à l'origine par les éditions L'Agrume en avril 2014. A l'écran les délicats mécanismes des pop-ups ont été transposés en interactions, qui permettent de participer au parcours de formation identitaire du personnage dans un univers sonore original et touchant. L'appli-livre *La grande fabrique des mots* (2010) est la version numérique de l'album écrit par Agnès de Lestrade et illustré par Valeria Docampo, publié en 2009 en version papier chez Alice éditions. L'album a été traduit dans maintes langues et plusieurs fois récompensé, notamment par le Leipziger Lesekompass du Salon du Livre de Leipzig et de la Stiftung Lesen. Dans l'appli, l'histoire peut être lue ou écoutée, chaque page-écran propose des scènes interactives et des mini-jeux, qui accompagnent des illustrations artistiques inspirées du livre papier et spécialement conçues pour l'application. L'histoire est lue à voix haute en trois langues et elle s'offre au/à la destinataire, s'il/elle le souhaite, sous la forme d'un livre d'images filmé.

Deux exemples de livres enrichis « hypermédia », remarquables du point de vue de leur traduction « intersémiotique » de l'ouvrage papier, sont *Le Horla* (2014) et *Voyage au centre de la terre* (2012) de la maison d'édition L'Apprimerie (le nom est une contraction des mots « applications » et « imprimerie », le projet de cet éditeur étant d'adapter les classiques en jouant sur la typographie). *Le Horla* (2014) est un récit fantastique et psychologique enrichi en format ePub 3 pour jeunes adultes, qui associe des animations interactives, graphiques et typographiques au texte intégral de Maupassant, en offrant l'occasion d'une nouvelle lecture immersive et touchante de ce classique, dans une ambiance parfois inquiétante, aux frontières de la folie. *Voyage au centre de la terre* (2012) est une autre belle traduction « intersémiotique » en format ePub 3 faite à partir d'une version abrégée du roman d'aventures pour jeunes adultes de Jules Verne. Dans ce livre enrichi, c'est le texte qui s'anime, comme l'expliquent ses créateurs :

> C'est toujours le texte qui bouge : il disparaît dans le noir, descend dans le cratère, disparaît sous le givre, s'enroule en spirale à l'infini ou explose au contact des monstres marins comme le Stromboli... […]. La mise en scène du texte permet une véritable initiation à la littérature : la spirale s'inspire des *Calligrammes* d'Apollinaire, les 'o' qui disparaissent de la *Disparition*, de Georges Perec[13].

---

[13] Combet, Claude (2012), « A Montreuil, l'Apprimerie voyage au centre de la terre. Rencontre avec les créateurs de l'application *Voyage au centre de la terre*, Julie Guilleminot et Thomas Bertrand », *Livreshebdo*, publié le 3 décembre 2012, disponible en ligne : https://www.livreshebdo.fr/article/montreuil-lapprimerie-voyage-au-centre-de-la-terre.

L'interaction avec la page-écran ainsi que les enrichissements iconiques et musicaux favorisent une lecture immersive, captivante, plurisensorielle de l'ouvrage, qui s'offre ainsi à son public sous un visage complètement renouvelé.

Les textes numériques natifs

Les appli-livres et les livres enrichis immigrés susmentionnés ont en commun le rapport de filiation qui les lie à l'univers du papier. Notre étude se focalisera également sur les ouvrages qui ne sont pas issus d'une telle traduction « intersémiotique ». Parmi ces produits numériques natifs il est utile de distinguer trois catégories : les applications livresques et les livres enrichis narratifs qui veulent raconter une histoire « différemment », en exploitant les ressources multimédia du numérique ; les applis ayant une finalité ludique et éducative ; les jeux vidéo en version appli[14].

Un appli-livre ayant une finalité ludique et éducative est caractérisé par la présence d'informations non fictionnelles et par des formes d'interactivité visant notamment à favoriser l'apprentissage chez l'enfant lecteur ou pré-lecteur (Yokota 2015). Deux exemples intéressants sont l'imagier sonore et ludique bilingue inspiré par un héros des petits, *Le grand imagier de Petit Ours brun* (2013) publié par Bayard Jeunesse, et *La maternelle Montessori* (2019). Cette dernière application entend développer chez l'enfant des compétences élémentaires en lecture, écriture et mathématiques, suivant les principes fondamentaux de la pensée montessorienne. Dans les deux cas, une attention particulière est portée à l'apprentissage de la langue anglaise.

Dans les appli-jeux, comme dans les applis ludo-éducatives, la dimension narrative est faible, voire absente, tandis que le caractère répétitif

---

[14] Une quatrième catégorie existe (qui ne sera pas examinée dans cette étude), à savoir celle des applis et des livres enrichis dérivant d'un accord commercial de type franchise, par exemple les applis qui s'inspirent des films Disney et qui ont un but éminemment commercial. Salter résume bien les traits caractérisant ce genre d'applications : « The images presented evoke the film, and text is presented and highlighted as a narrator reads aloud in the 'read-along' mode. Most pages have several forms of interactive content: each can be pared down to black and white for a 'paint' mode, including one in which the user simply touches the screen to reveal the 'right' colors. Some pages include music […] while others incorporate games. Typical games break out of the page and offer minigames that fit the context of the narrative moment » (2015 : en ligne).

caractéristique des jeux vidéo en est le trait distinctif (Turriòn Penelas 2015 : 90). Deux exemples d'appli-jeux intéressants sont *Mystère préhistorique* (2015) et *The Wanderer : Frankenstein's Creature* (2019). Ce dernier est un jeu vidéo qui fait revivre l'histoire de l'être créé par le docteur Frankenstein, en demandant d'aider cette créature à trouver son identité et à modeler son avenir. L'ambiance romantique du jeu est créée par les illustrations (dix-huit tableaux du XIXe siècle numérisés spécialement pour cette appli) ainsi que par la bande-son. La musique accompagne la flânerie du personnage, qui est aussi un parcours de formation. *The Wanderer* réalise de façon exemplaire ce que Prieto Ramada appelle une « gamification of the fictional experience » (2015 : 41), qui métamorphose la dimension fictionnelle pour la transformer en une expérience ludique fort éloignée de l'expérience narrative et littéraire qui était à son origine.

La troisième catégorie est celle des appli-livres et des livres enrichis natifs qui ont une dimension fictionnelle et une visée narrative, pour lesquels le classement proposé par Stichnothe, privilégiant une approche narratologique, semble particulièrement approprié (2014). Cette chercheuse propose une catégorisation qui repose sur le degré de participation du lecteur ou de la lectrice dans la construction de la structure de l'histoire. Elle définit « Multiple Fabula Apps » les ouvrages numériques pour lesquels le/la destinataire peut avoir un rôle actif dans le déroulement et le dénouement de l'histoire, tandis que dans les « Alternative Story Apps » le lecteur ou la lectrice a la possibilité de modifier seulement la forme extérieure du discours, par exemple en activant des animations, sans modifier de façon substantielle l'histoire racontée :

> Multiple fabula apps follow the concepts of "creating your own story" or "choosing your own adventure." The "choose your own adventure" concept that originated as an analogue literary phenomenon is closely connected to the principles of hypertext. Subsequently, the concept has given rise to a whole genre in literature and gaming. This type of app is most strongly affiliated with gaming and role-playing, sometimes to the extent that border lines become blurred. Narratologically speaking, these apps provide the user with interactive choices on the level fabula: users can determine (to a certain extent) what happens in the narration. [...] In contrast to multiple fabula apps, alternative story apps offer interactive options on the level of the story (how the fabula is told) but not necessarily on the level of the fabula. Basically, all apps that offer some kind of tap-triggered dialogue, sound or animation fall into this category (Stichnote 2014 : en ligne).

Un exemple de « multiple fabula app » est *L'ogresse* (2012). L'appli-livre est un conte allégorique qui raconte l'histoire d'une princesse, Occidiane, qui ne fait que manger. Cependant, son appétit vorace a des retombées catastrophiques sur l'écosystème de son pays. Le récit pose la question actuelle de la surproduction et de l'hyperconsommation de nos sociétés occidentales : l'enfant a la possibilité de choisir parmi plusieurs optons possibles, qui lui permettent d'orienter le déroulement et le dénouement de l'histoire. Un autre exemple de « multiple fabula app », pour les plus petit.e.s, est *Dans mon rêve* (2012) : huit-mille combinaisons de textes et d'images sont possibles, qui permettent à l'enfant de créer autant d'histoires et d'illustrations.

Les « alternative story apps » sont par contre des ouvrages que Prieto Ramada définirait « multimedia narratives », à savoir des textes narratifs qui exploitent une multimodalité expressive et qui peuvent utiliser des éléments interactifs, mais qui n'interrompent pas la linéarité de l'ouvrage (Prieto Ramada 2015 : 43). La majorité des appli-livres natifs pour enfants relève de cette catégorie : les appli-livres *Ogre doux* (2012) et *Thibaut au pays des livres* (2012) de La Souris Qui Raconte ainsi que ses livres enrichis *Il suffit parfois d'un cygne* (2014) et *Conte du haut de mon crâne* (2014) du même *pure player* en sont des exemples intéressants. Les appli-livres suivants ont également tous en commun la même structure narrative linéaire, qui permet donc de les insérer dans la catégorie des « alternative story apps ». *L'homme volcan* (2011) est un récit interactif tendre et mélancolique d'une jeune fille qui vit les retrouvailles avec son petit frère mort. *Bleu de toi* (2012) est un court récit illustré et animé dont le personnage principal se fait le porte-parole d'une déclaration d'amour, celle qu'un père fait à sa fille. *Boum !* (2015) est un récit « horizontal » proposant une nouvelle façon de plonger dans une histoire, et *Phallaina* (2016) est la première bande dessinée « défilée » pour écrans tactiles : c'est un ouvrage qui se situe à la frontière du roman graphique et du cinéma d'animation.

La macro-distinction entre appli-livres et livres enrichis immigrés et natifs, ainsi que les sous-classements proposés permettant de distinguer parmi des produits ayant une fonction éminemment narrative, éducative ou ludique, sont particulièrement utiles, avant tout pour pouvoir s'interroger avec profit sur les nouvelles pratiques de lecture favorisées par le numérique, ainsi que sur la valeur pédagogique de ces dispositifs. Par ailleurs, cet essai de classement est nécessaire dans le cadre d'une réflexion traductologique, car il aide à comprendre que la nature multimodale et plurisémiotique des textes exige des stratégies traductives diversifiées. En effet, les traducteurs et traductrices doivent recourir aux procédés utilisés dans la localisation des jeux vidéo ou des sites Internet, l'élément verbal à traduire pouvant être fragmenté et ne pas être inséré dans un contexte spécifique. Comme la traduction de jeux-vidéo, en outre, celle d'une appli doit garantir une expérience de divertissement identique à celle qui est offerte par le texte de départ. Ensuite, la nature multimodale de ces dispositifs (la présence d'animations et d'extraits audio ou vidéo, de sons ou de musiques, ainsi que de l'enregistrement de la voix du narrateur), exige des pratiques traductives proches de celles qui sont mobilisées dans le domaine de l'audiovisuel. La composante littéraire de certains de ces ouvrages numériques doit également être prise en compte, car elle met en évidence la nécessité d'une approche éthique, plus attentive à la matérialité du texte de départ et à sa valeur esthétique et littéraire (Berman 1999 ; Pederzoli 2012). N'oublions pas enfin que, s'adressant à un public jeune, la littérature d'enfance numérique a aussi une finalité pédagogique, et que sa traduction doit forcément la prendre en compte (Oittinen 2000). La traduction de la littérature numérique d'enfance est ainsi une activité hétérogène et complexe, une tâche difficile qui se situe à la croisée de plusieurs approches théoriques. Son étude, dans un cadre méthodologique appropriée, est nécessaire et urgente.

1.3. Nouvelles pratiques de lecture multimodales

La multimodalité a toujours traversé l'histoire de la littérature : pensons, par exemple, aux illustrations dans un conte ou dans un album lu à voix haute, ou aux décors, lors de la mise en scène d'une pièce. La véritable nouveauté introduite par la littérature numérique est l'association de plusieurs codes qui coexistent sur le même médium. Comme l'explique Carioli, le numérique offre la possibilité inédite de

> représenter des signes issus de deux ou plusieurs systèmes sémiotiques en exploitant le même code binaire, ce qui permet de les inclure dans un même texte. [...] Bien entendu, les formes textuelles numériques n'exploitent pas l'ensemble des modes d'expression, mais cette possibilité existe aujourd'hui et est notamment mise en valeur dans les livres numériques interactifs destinés aux jeunes lecteurs (2018 : 36-37)[15].

---

[15] « rappresentare segni provenienti da due o più sistemi semiotici basandosi sul medesimo codice binario, che permette di includerli all'interno di uno stesso testo. [...] Non tutte le forme testuali digitali, evidentemente, si avvalgono dell'intera gamma di modalità espressive, ma questa possibilità oggi esiste, ed è utilizzata soprattutto nei libri digitali interattivi rivolti ai lettori più giovani ».

Cette multimodalité est en mesure de modifier profondément nos expériences de lecture. L'alphabétisation, comme le constatent Manresa et Real, est en train de faire face à de nouveaux défis. La numérisation et les différents codes impliqués dans la production du message exigent un changement et un accroissement des compétences interprétatives des lecteurs ou lectrices qui doit s'inscrire dans le cadre d'une alphabétisation numérique généralisée de la population (2015 : 9). En effet, la réception d'un texte littéraire numérique est une expérience corporelle, tactile, et plurisensorielle. Le lecteur ou la lectrice, par ses gestes, crée l'histoire : il ou elle déplace des figures, active des animations, gère des parcours narratifs alternatifs. La textualité même devient « immanente à l'acte de lecture » (Bouchardon 2014 : 162), et le lecteur-acteur ou la lectrice-actrice participe à une sorte de performance théâtrale dans laquelle son corps et tous ses sens sont complètement impliqués. Comme l'explique Bouchardon, « [l]es gestes du lecteur d'un livre ne font pas partie de son noème de la lecture. En revanche, dans le cas des textes numériques qui proposent une forme d'interactivité, la lecture est fortement construite par le geste » (Bouchardon 2014 : 163).

La lecture d'une œuvre littéraire numérique est donc une expérience gestuelle et, par conséquent, interactive. Dans les appli-livres pour enfants, l'interactivité se manifeste sous plusieurs formes, qui sont bien résumées par Stichnothe :

> Interactive elements can
> - create tension between (verbal) text and image, text and sound, image and sound
> - propel the story forward
> - add humor
> - provide extra information
> - suggest user activities within the app or in the real world
> - offer the opportunity to record one's own voice, reading the story or creating a new one
> - allow the user to interact with others through social network integration
> - offer the possibility to choose between different narrative elements (protagonists, points of view, alternative storylines)
>
> Thus, interactive elements effectively enable the user to become co-author, co-illustrator or co-narrator (2014 : en ligne).

Une telle interactivité est source de plaisir pour le lecteur ou la lectrice, et d'immersion dans l'histoire (Gobbé-Mevellec 2014 ; Manresa 2015 ; Sergeant 2015). Les recherches de Saemmer, spécialiste en Sciences de l'Information et de la Communication, ont confirmé, elles aussi, que les fictions multimédia sur tablette favorisent des pratiques de lecture attentive, exhaustive et immersive, dans la mesure où l'animation et la manipulation du texte et de l'image numérique réussissent à captiver le lecteur ou la lectrice (enfant ou adolescent.e) pour l'immerger plus profondément dans l'histoire racontée (2015 : 102).

En ce qui concerne les albums numériques pour les plus petit.e.s, ces formes d'interactivité proposent une lecture différente de celle de leurs homologues imprimés : si l'album papier est normalement lu par l'adulte à l'enfant, l'album numérique offre une lecture enregistrée, souvent celle d'un acteur ou d'une actrice, qui remplace le parent et rend l'enfant plus autonome dans son rapport à l'objet-livre. Certaines applications prévoient également la présence d'un « agent conversationnel » (*conversational agent*), à savoir d'un personnage animé qui pose des questions à l'enfant, ou fait des commentaires à propos de l'histoire pour l'aider à la comprendre. Des tuteurs ou tutrices peuvent être également présent.e.s : ils jouent le rôle d'un.e enseignant.e qui pose des questions, et l'enfant est appelé.e à répondre en choisissant l'option correcte parmi celles qui sont proposées à l'écran (Sargeant et Mueller 2014 : en ligne).

Le dialogue texte-image est, lui aussi, profondément modifié, car les illustrations peuvent bouger et sont accompagnées d'effets sonores. Le rapport au texte est également renouvelé : l'écrit peut être mis en surbrillance au fur et à mesure qu'il est lu, ce qui peut aider les enfants pré-lecteurs.trices et tout juste lecteurs.trices à associer les lettres qui composent les mots à leurs phonèmes : il s'agit de la fonction *karaoké*, qui « aide les jeunes enfants […] à faire le lien entre chaîne de mots parlée et chaîne de mots écrite, […] et qu[i] pourrait avoir une influence positive sur la fluence des enfants lecteurs » (Colombier 2013 : 47). Des images peuvent apparaître à l'écran précisément au moment où le mot correspondant est prononcé, ou encore si l'enfant touche un objet son nom peut être entendu. Il s'agit de la fonction *hot spot*, fréquemment présente dans ces appli-livres. D'autres aides techniques, comme la fonction *dictionnaire*, peuvent faciliter la compréhension du texte, grâce à des fenêtres *pop-up* qui s'ouvrent si le lecteur ou la lectrice appuie sur les mots inconnus, enrichissant ainsi ses connaissances lexicales. La possibilité de choisir une lecture en langue maternelle ou étrangère est, enfin, une autre option qui ne peut appartenir qu'aux albums numériques.

L'interaction de l'enfant avec l'image, et celle du texte et de l'image, sont en mesure de produire une immersion plus profonde et une meilleure compréhension de l'histoire racontée. En effet, le dialogue image-texte favorise la compréhension pendant la lecture, et cela est vrai pour les livres numériques aussi bien que pour les albums papier, comme le remarque Carioli (2018 : 50-51). L'ajout de la dimension sonore (sons, bruits, musique) est en revanche un élément supplémentaire propre à la lecture sur support numérique, qui favorise l'immersion du lecteur ou de la lectrice et rend l'expérience de réception de l'histoire plus stimulante et captivante. Des explications de type neuronal et physique existent pour ce phénomène, que Carioli résume bien :

> Cela s'explique par le fait que « dans les processus réceptifs, la musique implique non seulement le système auditif » mais aussi le système « somatosensoriel » : voilà pourquoi elle « produit des effets physiologiques et émotionnels qui garantissent son grand pouvoir d'impression » et de transformation [...]. En vertu de son statut de stimulus psychophysique, la musique donne un certain rythme à la lecture et s'impose à l'émotion et à la cognition du lecteur (2018 : 50)[16].

L'étude de Manresa, visant à analyser la qualité de la réception d'un corpus varié d'appli-livres proposés à des lecteurs ou lectrices appartenant à des tranches d'âges différentes (de 4 à 15 ans) montre qu'une plus grande immersion est produite par la manipulation interactive du texte et par la convergence d'éléments sonores, iconiques et verbaux (2015 : 117). Brehm et Beaudry (2016 : en ligne) ont étudié la réception d'un roman augmenté pour adolescent.e.s, *Skeleton Creek*, et ont confirmé que les jeunes qui ont participé à la recherche ont pu en faire une lecture immersive :

> L'examen des réponses des élèves ayant participé à notre recherche révèle que la plupart d'entre elles ont effectivement éprouvé le sentiment d'être *happées* dans l'univers fictionnel de *Skeleton Creek* et ressenti d'intenses émotions telles que la peur et l'angoisse. Le passage du texte aux vidéos, en particulier, a manifestement contribué à l'efficacité du dispositif narratif en produisant l'illusion d'une abolition de la frontière fiction/réel.

Or, il est vrai que si l'interactivité est présente à haute dose, elle peut fragmenter la lecture et risque de détourner l'attention de la trame narrative, empêchant

---

[16] « La spiegazione di tutto ciò risiede nel fatto che 'nei processi ricettivi la musica coinvolge, oltre al sistema uditivo', anche quello 'somalo-sensitivo', per cui 'produce effetti fisiologici ed emozionali che ne garantiscono il notevole potere impressivo' e trasformativo [...]. In virtù di questo suo essere stimolo psicofisico, la musica imprime un certo ritmo alla lettura e si impone all'emozione e alla cognizione del lettore. »

de la sorte une lecture immersive du texte (Borras 2015 : 29 ; Fittipaldi *et al.* 2015 ; Serafini *et al.* 2016 : 511 ; Yokota et Teale 2014). Plusieurs spécialistes ont démontré que l'attention du lecteur ou de la lectrice diminue quand il ou elle passe du papier à l'écran, car ce dernier favorise une lecture « *zapping* ». Cependant, la plupart de ces études ont été menées sur des corpus d'ouvrages hypertextuels, où la perte des bornes textuelles, l'absence de points de repère traditionnels et d'une direction précise de la lecture désorientent le ou la destinataire (Carioli 2018 : 97). La plupart des appli-livres narratifs et des livres enrichis pour enfants et adolescent.e.s relèvent néanmoins de la catégorie précédemment appelée « alternative story apps » (Stichnote 2014) : ce sont des ouvrages qui ne proposent pas des parcours hypertextuels mais une trame narrative linéaire comparable à celle des livres papier. Il est donc évident que si d'autres recherches seraient souhaitables, visant à étudier le rôle joué par les interactions et les enrichissements multimodaux (Fittipaldi *et al.* 2015 : 150), les études existantes, comme le remarque Carioli (2018 : 98), constatent une augmentation de la motivation, confirmée par un temps de lecture qui se dilate, notamment pour les enfants qui d'habitude ont du mal à lire.

De plus, la lecture à l'écran exige des compétences spécifiques, qui doivent être développées par des parcours pédagogiques dédiés. Comme le constate Manresa, les lecteurs ou lectrices tendent à mobiliser leur compétence de lecture littéraire acquise sur le support papier quand ils ou elles lisent un appli-livre ou un livre enrichi narratif (Manresa 2015 : 115). Et pourtant, nos sociétés nous exposent désormais chaque jour, via l'Internet, à des messages qui sont plurisémiotiques, et qui exigent donc des compétences de lecture et d'interprétation spécifiques. De telles compétences doivent être développées à travers un véritable projet systématique d'éducation à la lecture numérique :

> Understanding and interpreting the current world involves being able to read and understand messages produced with a variety of codes (text, image, sound, hypertext, etc.) and interactions via the Internet increasingly occur without the need for the written word. In this context, the interpretive richness provided by digitality integrated into literary work highlights how urgent it is to *educate* citizens in the interpretation of the different codes that combine to create the aesthetic construction of the product. [...] In short, in the classroom environment it should be borne in mind that e-literature offers a particular reading experience which is possibly more sensorial, more immersive and less demanding with regard to abstraction, but is more focused on the ability to diversify interpretive skills (Manresa 2015 : 117-118).

1.4. Appli-livres et livres enrichis pour enfants et jeunes adultes, entre jeu, éducation et littérature

En 2013, l'Académie des sciences de l'Institut de France a publié le livre *L'enfant et les écrans. Un avis de l'Académie des sciences* (Bach *et al.* 2013). Ce rapport détaillé sur la question de la relation des enfants aux écrans insiste sur la nécessité de faire la distinction entre les écrans passifs, comme la télévision, et les écrans actifs, comme la tablette tactile. L'étude postule l'importance d'une alphabétisation numérique en mesure de garantir un accès démocratique à la cyberculture, à partir de la première enfance, indépendamment de la classe sociale d'appartenance. En effet, selon Bach *et al.* (2013) la tablette est en mesure de développer le potentiel cognitif de l'enfant ainsi que son intelligence sensorielle et motrice, par l'emploi de la manipulation gestuelle de l'écran. En outre, l'éducation numérique peut promouvoir l'agilité visuelle et mentale, la motivation, l'imagination et le jeu symbolique, en améliorant ainsi le potentiel d'apprentissage et de réception esthétique chez l'enfant. Des recherches plus récentes confirment le potentiel éducatif des écrans tactiles et la nécessité de les intégrer dans les parcours de formation (Carioli 2018 : 49-68 ; Correro et Real 2015 : 185 ; McCuiston et Woote 2015 ; Serafini *et al.* 2016 : 511 ; Yokota et Teale 2014).

Le Ministère de l'Education nationale a mis en place depuis plusieurs années des projets d'expérimentation pédagogique qui prévoient l'emploi systématique de la tablette à l'école primaire ainsi qu'au lycée (Tréhondart 2019 : en ligne). Au cycle 3, le programme de français suggère d'initier les apprenant.e.s à la lecture « de documents numériques (documents avec des liens hypertextes, documents associant texte, images – fixes ou animées –, son) »[17]. Le programme du cycle 4 recommande de les familiariser avec les « potentialités et usages des nouveaux supports de l'écriture » en les entraînant à la rédaction « d'écrits créatifs sur différents supports »[18].

---

[17] Extrait des programmes du cycle 3 (Ministère de l'Education nationale et de la Jeunesse. *Le numérique et les programmes actualisés*. En ligne : https://eduscol.education.fr/cid133066/le-numerique-et-les-programmes-actualises.html.)

[18] Extrait des programmes du cycle 4 (Ministère de l'Education nationale et de la Jeunesse. *Le numérique et les programmes de cycle 4*. En ligne : https://cache.media.eduscol.education.fr/file/CRCNum/91/9/Reperes_progressivite_accessible_926919.pdf.)

Le rôle confié à l'apprentissage de la lecture et de l'écriture numériques confirme ainsi la nécessité et l'urgence d'intégrer le concept de « multimodalité » dans la formation des enfants (Carioli 2018 : 52) et de développer une « multimodal literacy » (Serafini 2015)[19], une « littératie médiatique multimodale » (Boutin *et al.* 2017). Celle-ci devrait développer des compétences interprétatives de la synergie créée par la combinaison du mode linguistique, visuel et sonore caractérisant le texte numérique. Dans ce cadre, les livres enrichis et les appli-livres, en raison de leur nature plurisémiotique, semblent un outil pédagogique innovant et efficace. Yokota et Teale le confirment : « The ability to process and produce multimedia texts is central to what it means to be literate in the 21st century, and interactions with digital picture books in early childhood are an excellent way to begin building these skills » (2014 : 584). Comme le suggère le préfixe « multi- », en outre, dans le cadre d'une « littératie multimodale » il faudrait également inclure une autre dimension, celle du multilinguisme. En effet, les livres enrichis et les appli-livres sont souvent en version bilingue, sinon plurilingue. Ils peuvent par conséquent favoriser l'ouverture à la diversité linguistique et culturelle ainsi qu'écourager son acceptation et sa compréhension dans un monde de plus en plus globalisé (Frederico 2016 : 128).

Le rapport entre graphie du mot, son et signification est essentiel dans le processus d'alphabétisation et d'acquisition d'une conscience phonologique chez l'enfant, d'abord en langue maternelle : les fonctions *karaoké*, *dictionnaire* et *hot spot* que nous avons mentionnées jouent un rôle essentiel de ce point de vue (Colombier 2013 : 47). Carioli le confirme :

> Des études de suivi oculaire *(eye-tracking)* ont montré que le texte mis en évidence attire beaucoup l'attention visuelle des enfants, en particulier lorsqu'ils commencent à reconnaître les lettres et les mots écrits. Les différentes colorations activées en synchronisation avec la voix de lecture ou la possibilité de réécouter le mot ou les sons qui le composent stimulent l'interaction avec le texte et favorisent

---

[19] Serafini propose la définition suivante de « multimodal literacy » : « a process of generating meanings in transaction with multimodal texts, including written language, visual images, and design features, from a variety of perspectives to meet the requirements of particular social contexts » (2015 : 413).

la mémorisation de la morphologie des lettres, des mots et de leurs caractéristiques orthographiques (2018 : 64)[20].

L'intégration du texte aux autres ressources sémiotiques, ainsi que l'interactivité et la participation active du lecteur ou de la lectrice dans l'histoire, peuvent, en améliorant la compréhension du texte, favoriser aussi l'apprentissage de la langue maternelle (Carioli 2018 : 58-61). L'étude menée par Bus et Smeets (2015) sur un groupe d'enfants d'âge compris entre quatre ans et six ans et demi montre que les albums animés interactifs *(interactive animated ebooks)*, caractérisés par un haut degré de multimodalité et par la présence de nombreuses activités interactives concernant le vocabulaire, permettent une meilleure compréhension de l'histoire et un apprentissage du vocabulaire plus efficace que les albums animés non interactifs *(animated ebooks)* ou statiques *(static ebooks)*, qui ne proposent aucune animation ou interaction. En effet, la réception d'une information codifiée non seulement sur le mode textuel, mais aussi sur le mode iconique et/ou acoustique, facilite la mémorisation ainsi que la construction de relations plus intenses entre mots et significations. Selon les deux chercheuses, l'interactivité a favorisé l'apprentissage linguistique

> by reducing the amount of effort that is required for matching the pictures with the story language [...]. Stronger connections between spoken words and phrases with relevant parts of the illustrations and other nonverbal information (music and sounds) can result in more effective memory traces [...]. Our findings show a perfect match with the hypothesis that nonverbal information does not "use up" the capacity of storing language in short-term memory but enables children to figure out the meaning of unknown words and store those in long-term memory (2015 : 915).

Le potentiel éducatif de la dimension multimodale dans l'apprentissage de la langue maternelle encourage à approfondir la réflexion concernant l'apprentissage des langues étrangères. En effet, la possibilité de passer d'une langue à l'autre est l'occasion pour l'enfant de prendre conscience de l'existence d'une ou de plusieurs autres langues, ainsi que d'en apprendre les fondements du

---

[20] « Studi sulla registrazione dei movimenti oculari *(eye-tracking)* hanno mostrato che il testo evidenziato attira moltissimo l'attenzione visiva dei bambini, specialmente quando iniziano a riconoscere le lettere e le parole scritte. La coloritura diversa che si attiva in sincronia con la voce lettrice o la possibilità di riascoltare la parola o i suoni che la compongono stimolano a interagire con il testo e favoriscono la memorizzazione della morfologia delle lettere, delle parole e delle loro caratteristiche ortografiche ».

vocabulaire (Yokota et Teale 2014 : 584). Les études qui confirment l'efficacité des technologies, notamment des applications livresques, dans l'apprentissage des langues étrangères sont encore rares, et d'autres recherches dans ce domaine seraient sûrement souhaitables (Bowlesa *et al.* 2014 : 92). Cependant, l'étude de Yuh-Ching *et al.* (2017) montre l'utilité des albums numériques bilingues dans l'apprentissage de la deuxième langue de la part d'un groupe d'enfants immigrés en contexte alloglotte. Selon ces chercheurs, les albums numériques sont faciles à consulter et plus amusants que leurs homologues imprimés. Le contexte multimodal de l'histoire et la dimension ludique qui l'encadre motivent l'enfant et encouragent un apprentissage actif de la deuxième langue (2017 : 158). La lecture à voix haute accompagnant les illustrations, la présence de jeux demandant à l'enfant de travailler sur le vocabulaire, en associant mots et images, rendent l'apprentissage du lexique autonome et gratifiant, et favorisent une étude des langues étrangères à la fois ludique et centrée sur les exigences de l'apprenant.e (2017 ; 171).

Un appli-livre français particulièrement intéressant, et qui pourrait être utilisé dans le cadre d'une activité d'apprentissage d'une langue seconde ou étrangère, est *La grande fabrique des mots* (2010). Ce court récit symbolique consacré à la beauté des langues et au pouvoir du langage, publié en version trilingue français, anglais, allemand, propose un voyage dans un monde bizarre, où il faut acheter les mots puis les avaler pour pouvoir les prononcer. Philéas, qui est pauvre et ne peut pas acheter des mots trop chers, conquiert le cœur de Cybelle en prononçant trois simples mots qu'il a trouvés dans la rue, confirmant ainsi que l'amour n'a pas besoin de mots « nobles » pour pouvoir se dire.

L'histoire peut être lue ou écoutée dans les trois langues de l'appli. Les jeux et les activités interactives visent à encourager l'apprentissage de la langue maternelle ainsi que des langues secondes ou étrangères. L'appli-livre invite l'enfant à écouter la prononciation des mots les plus variés, que peut-être il ou elle ne connaît pas, tout en découvrant leur orthographe : « jolis mots » et « mots méchants », « drôles de mots » et « mots oubliés », « rimes » ou « mots d'été ». Ces mots sont prononcés à voix haute, si on les effleure quand ils apparaissent à l'écran. Un autre jeu invite l'enfant à trouver les syllabes qui vont ensemble pour composer des mots. Toutes ces activités peuvent être utiles pour l'apprentissage de compétences de lecture et d'écriture en langue maternelle ainsi qu'en langue seconde ou étrangère. Un jeu particulièrement intéressant proposé dans les trois langues de l'appli-livre fait découvrir à l'enfant les diverses sonorités du même mot en français, en anglais et en allemand, comme la capture d'écran suivante le montre. Le lecteur ou la lectrice effleure le mot à l'écran, en écoute la prononciation et du bout des doigts insère le mot dans le sac de la langue à laquelle il appartient :

Figure 1.1. © *La grande fabrique des mots*, écrit par Agnès de Lestrade et illustré par Valeria Docampo, Mixtvision Verlag, 2010.

De tels jeux interactifs sensibilisent l'enfant à la question de la diversité linguistique et l'encouragent à apprendre de façon autonome et ludique. Le rapport à la tablette n'est pas « hypnotique », car le lecteur et la lectrice sont constamment stimulé.e.s à apprendre de façon autonome et à s'autocorriger. Ainsi, une telle posture ludique n'est pas à redouter, tant à l'école que dans les activités extrascolaires. Jouer avec les langues, comme cet appli-livre le permet, est une façon d'apprendre amusante et captivante qui plonge ses racines dans l'expérience vécue. Cette forme d'alphabétisation ludique est essentielle de nos jours et doit être prise en considération dans tout projet éducatif, comme le confirment Boccia *et al.* :

> Zimmerman (2009) parle de *gaming literacy*, une pratique qui est considérée comme cruciale pour l'apprentissage des habilités et des compétences nécessaires pour vivre

consciemment et activement dans la société d'aujourd'hui. De façon similaire, Gee (2004) estime qu'à travers les jeux vidéo, les enfants apprennent à comprendre la signification réelle des mots, qui ne renvoient pas à des concepts abstraits mais à des situations concrètes vécues directement dans l'environnement virtuel. C'est donc précisément l'élément ludique qui peut encourager des formes d'apprentissage plus participatives et, de fait, l'adoption de *serious game*s et de jeux vidéo traditionnels se généralise dans les contextes éducatifs, de l'école primaire à l'université (2017 : 227)[21].

Si la valeur pédagogique de tels produits numériques invite les enseignant.e.s à se tourner vers ces ressources nouvelles, la question cruciale est à présent de savoir comment choisir les meilleurs appli-livres ou livres enrichis dans un marché qui est inondé chaque jour par des centaines de nouveaux produits. Quels sont les critères pédagogiques et artistiques qui permettent de reconnaître un bon appli-livre ou un bon livre enrichi ? Comment orienter les choix des enseignant.e.s ainsi que des maisons d'édition numériques dans leur conception et réalisation de ces produits, afin qu'elles tiennent compte des résultats des dernières recherches pédagogiques ? Selon Carioli, le rapport entre lecture, dimension interactive et dimension ludique doit être synergique. L'interactif et le ludique doivent non seulement captiver l'attention du lecteur ou de la lectrice, mais également l'immerger dans l'histoire, le/la guider dans la construction de la signification du texte (Carioli 2018 : 59). De plus, l'interaction ludique n'est pas une fin en soi mais elle devrait avoir une finalité pédagogique évidente, à savoir aider l'enfant à apprendre à lire ou à apprendre en général (Yokota et Teale 2014 : 580).

Un dernier critère, qui n'a pas encore été mentionné, concerne la qualité des traductions de ces appli-livres et de ces livres enrichis. Est-ce que ces traductions ont été faites en tenant compte des exigences spécifiques d'un.e enfant, qui est exposé.e dès le plus tendre âge à un plurilinguisme sans

---

[21] « Zimmerman (2009) parla di gaming literacy, ritenuta cruciale per l'acquisizione di capacità e competenze necessarie per vivere consapevolmente e attivamente nella società odierna. In maniera simile Gee (2004) ritiene che attraverso i videogiochi i bambini imparino a comprendere il significato reale delle parole, le quali non fanno riferimento a concetti astratti ma a situazioni concrete vissute in prima persona nell'ambiente virtuale. Pertanto proprio l'elemento ludico può incoraggiare forme di apprendimento maggiormente partecipative, infatti l'adozione di serious game e videogiochi tradizionali sta divenendo pratica diffusa nei contesti educativi, dalle scuole elementari ai corsi universitari ».

précédent dans l'histoire de l'édition ? Est-ce que ces traductions offrent une exposition véritable à la diversité linguistique et culturelle, tout en préservant la valeur littéraire et esthétique des ouvrages ? Autrement dit, est-ce qu'elles « ouvr[ent] l'Etranger en tant qu'Etranger à [un autre] espace de langue », comme le souhaiterait Berman (1999 : 75) ? Selon Yokota, le véritable risque serait l'homogénéisation de ces produits numériques, dont les lois du marché de l'édition numérique seraient responsables :

> [W]hat has become increasingly clear is the homogenisation of artistic styles in the short history of tablet apps. Colours, shapes and even human features of many apps seem to have taken on a goal for universal marketing and appeal. Perhaps the ease with which such apps cross cultural and language boundaries is the reason why. Or perhaps app developers assume that children's tastes in the digital world are simplified. In any case, the lack of cultural distinctness in the app space could continue this trend toward homogenisation. What does this mean for the future of diversifying what children are introduced to? (Yokota 2015 : 84)

Cette tendance à l'homologation est une menace réelle sur l'ouverture à l'altérité que ces produits multilingues, s'ils étaient bien traduits, pourraient permettre. D'où l'urgence d'étudier la qualité de ces traductions, sans négliger l'influence que le marché de l'édition peut avoir sur le travail des traducteurs et des traductrices.

Ombres et lumières d'un nouveau marché éditorial

2.1. Une nouvelle forme éditoriale dans un marché en évolution

L'avènement de l'ipad en 2010 a profondément changé le monde de l'édition, pour les adultes ainsi que pour les enfants et les adolescent.e.s. Cette vague révolutionnaire a d'abord déferlé sur le marché des pays anglophones (notamment aux Etats-Unis et en Grande Bretagne). Si dans ces pays les volumes de vente ont été immédiatement plus élevés (Dufresne 2012 ; Gary 2013), à partir de 2012 il est possible de parler de l'existence d'un marché numérique européen, et notamment français, pour l'enfance. En profitant de l'introduction sur le marché des smartphones et des tablettes Android, plus économiques que celles d'Apple, « tout le monde [a] commenc[é] à miser sur le secteur jeunesse » (Gary 2013 : en ligne). Dans ce cadre, la publication d'appli-livres et de livres enrichis est devenue un véritable phénomène culturel et commercial, qui a intéressé notamment le segment de l'édition jeunesse (Stichnothe 2014 : en ligne). En 2012, comme le remarque Korsemann, ces produits pensés pour les natifs et natives du numérique ont ainsi « proven to be the most popular book-apps in the Apple App Store especially in Europe » (Korsemann 2012 : 17). De nouveaux *pure players* ont commencé à introduire sur un marché de l'édition de plus en plus diversifié des produits dont ils revendiquaient à la fois la qualité et le caractère tout à fait original

(Colombier 2013 : 38). La Souris Qui Raconte a été la première maison d'édition française qui s'est présentée sur ce segment commercial, en offrant un catalogue complet de titres numériques, d'abord des livres web, ensuite des appli-livres et des livres enrichis. Le nombre de ces éditeurs n'a cessé par la suite d'augmenter : pensons à CotCotCot Apps, e-Toiles éditions, L'Apprimerie, Storylab, Studio Pango, Square Igloo, SlimCricket, Tralalère, Zabouille et Zanzibook, pour n'en citer que quelques-uns. En 2014, Gobbé-Mévellec a ainsi pu constater que « [l]a littérature numérique incarn[ait] […] un marché en pleine croissance » (2014 : en ligne).

Dans le but de comprendre plus en profondeur ce phénomène littéraire, culturel et éditorial, ainsi que son évolution dans le temps, une approche transdisciplinaire est nécessaire. Ainsi, nous puiserons dans la réflexion de spécialistes dans le domaine des humanités numériques (Eberle-Sinatra et Vitali-Rosati 2014 : 50), en Sciences de l'Information et de la Communication (Saemmer 2015 ; Ouvry-Vial 2007 ; Tréhondart 2019, 2018, 2014, 2013), ainsi que dans le cadre théorique élaboré par l'analyse du discours littéraire (Amossy 2010, 2009 ; Maingueneau 2004). En effet, l'avènement du livre numérique incite à repenser le processus d'édition en termes d'« éditorialisation », et à étudier l'ensemble des pratiques d'organisation et de structuration des contenus numériques. Comme Eberle-Sinatra et Vitali-Rosati l'expliquent,

> La différence principale entre le concept d'édition et celui d'éditorialisation est que ce dernier met l'accent sur les dispositifs technologiques qui déterminent le contexte et l'accessibilité d'un contenu, ainsi que sur la réflexion autour de ces dispositifs. En d'autres termes, il ne s'agit pas seulement de choisir, de légitimer, de mettre en forme et de diffuser un contenu, mais il s'agit aussi de réfléchir à l'ensemble des techniques que l'on va utiliser ou créer pour le faire, ainsi qu'aux contextes de circulation produits par l'espace numérique (2014 : 60).

La conception et la production d'appli-livres et de livres enrichis exige des compétences éditoriales nouvelles et une collaboration serrée et sans précédent entre éditeurs.trices, auteurs.trices/illustrateurs.trices, éventuel.le.s traducteurs.trices et ingénieur.e.s informatiques censé.e.s numériser les créations (Amadori 2020 : 22). De façon similaire, la commercialisation et la distribution de ces produits change de façon radicale. Le numérique modifie donc profondément le « geste éditorial » (Ouvry-Vial 2007 : 79-80) des éditeurs et éditrices qui travaillent dans le segment de l'édition jeunesse. La notion de « geste éditorial » est particulièrement intéressante à nos yeux, car elle invite à s'interroger sur « [l]a position de l'éditeur médiateur entre auteur et lecteur, assurant la transmission de l'œuvre sur la base d'une lecture, d'une évaluation de la valeur à la fois intellectuelle et économique » de l'ouvrage, qui « décide des modalités d'édition » (Ouvry-Vial 2007 : 79). Elle permet ainsi d'élargir la portée de la réflexion concernant les politiques éditoriales et traductives des maisons d'édition envisagées dans cette recherche, ainsi que de problématiser la configuration de l'« horizon d'attente » (Jauss 1978 : 49) définissant la réception d'un appli-livre ou d'un livre enrichi pour enfants. Dans cette étude, l'« énonciation éditoriale » (Souchier 2007)[22] sera ainsi pensée dans le cadre d'une « sémiotique de l'acte éditorial » (Ouvry-Vial 2007 : 80), qui propose de concevoir celui-ci comme le résultat d'un réseau complexe de décisions et d'actions situées en amont du produit fini, faisant du livre un objet multimodal signifiant à plusieurs niveaux. En effet, le livre résulte d'un processus stratifié de production, qui plonge ses racines premièrement dans la subjectivité de l'éditeur.trice et dans ses politiques éditoriales ; deuxièmement dans ses préoccupations économiques et troisièmement dans sa perception du contexte social, culturel, économique et littéraire qui doit accueillir les ouvrages.

Dans ce chapitre, nous nous interrogerons donc sur les politiques éditoriales et traductives des éditeurs et éditrices qui travaillent dans le segment de l'édition numérique jeunesse, ainsi que sur leurs rapports tendus avec les grands distributeurs de tels produits numériques, les GAFAM (Google, Amazon, Facebook, Apple, Microsoft) (Tréhondart 2019 : en ligne), qui « produisent et détiennent supports et logiciels de lecture, 'architextes' de conception (Jeanneret et Souchier 2005) et plateformes de diffusion et de commercialisation » (Tréhondart 2018 : en ligne). Afin d'examiner les retombées de ces politiques sur le « geste éditorial » des éditeurs.trices, nous avons consulté

---

[22] L'énonciation éditoriale « désigne l'ensemble de ce qui contribue à la production matérielle des formes qui donnent au texte sa consistance, son 'image de texte'. Il s'agit d'un processus social déterminé, qui demeure largement invisible du public, mais qui peut néanmoins être appréhendé à travers la marque qu'impriment les pratiques de métiers constitutives de l'élaboration, de la constitution ou de la circulation des textes. [...] Plus fondamentalement, l'énonciation éditoriale est ce par quoi le texte peut exister matériellement, socialement, culturellement... aux yeux du lecteur » (Jeanneret et Souchier 2005 : 6).

les études de spécialistes qui ont interviewé ces professionnel.le.s du livre numérique, et enrichi ces données par un entretien, mené en septembre 2020, avec Françoise Prêtre, directrice de la maison d'édition La Souris Qui Raconte, pionnière en France d'abord dans le domaine du livre web pour enfants, et ensuite dans celui de l'appli-livre et du livre interactif. Étant donné le bilinguisme qui caractérise depuis toujours l'offre en livres numériques de cette maison d'édition, nous avons également saisi l'occasion pour interroger la directrice au sujet de ses politiques traductives et de sa façon de concevoir et de pratiquer la traduction.

La notion de « geste éditorial » sera également mise en relation avec celle d'« *ethos* éditorial » élaborée par Maingueneau (2013a : 23). Selon ce spécialiste de l'analyse du discours littéraire, l'« *ethos* éditorial » ressort de la collection, du papier utilisé, de la couverture du livre : autrement dit, dans les ouvrages imprimés il se manifeste notamment au niveau péritextuel. La présente recherche se propose d'étendre la notion d'« *ethos* éditorial » aux nouveaux genres numériques envisagés : l'*ethos* ressort pour nous de l'ensemble des choix multimodaux qui produisent l'image discursive plurisémiotique souhaitée par une maison d'édition et dont la source énonciative est ce qu'Ouvry-Vial appelle « le geste éditorial ». Nous nous pencherons notamment sur les épitextes et sur les péritextes numériques des ouvrages de notre corpus, qui jouent un rôle stratégique dans la construction de l'« *ethos* éditorial » « montré » (Maingueneau 2004 : 206) par les éditeurs. Nous verrons ainsi que certaines maisons d'édition souhaitent projeter un *ethos* expérimental, et se présenter comme désireuses d'exploiter toutes les ressources multimodales de la tablette ; d'autres montrent en revanche une prédilection pour un *ethos* plus traditionnel, visant à instaurer un rapport de filiation avec la tradition de la littérature jeunesse imprimée, qui leur assure une reconnaissance plus immédiate dans le champ littéraire.

2.2. Naissance et vie de l'appli-livre et du livre enrichi : témoignages éditoriaux

Les recherches de Tréhondart (2019, 2018, 2014, 2013), spécialiste en Sciences de l'Information et de la Communication, permettent de mieux comprendre le « geste éditorial » des éditeurs.trices au niveau de la conception et de la création de leurs appli-livres et de leurs livres enrichis. Cette chercheuse a mené une enquête, entre 2011 et 2016, auprès d'un groupe de trente concepteurs.trices de livres numériques enrichis à partir d'entretiens semi-directifs, visant à comprendre les dynamiques sous-jacentes à la conception du design de leurs produits numériques. En analysant les entretiens, elle a constaté que ces éditeurs.trices insistent sur la nécessité de créer des produits qui instaurent un rapport de filiation avec la tradition de la littérature imprimée. En effet, une telle filiation leur assure une partie du prestige et de la reconnaissance que le public est prêt à accorder de façon naturelle et spontanée au livre papier. En choisissant pour leurs produits numériques des « formes-modèles » spécifiques, à savoir des protocoles de lecture qui orientent la réception d'un texte numérique par l'évocation des formats éditoriaux précédents (Saemmer 2015 : 119), ces maisons d'édition souhaitent susciter chez leurs lecteurs et lectrices l'impression de pouvoir faire une lecture immersive et linéaire des textes numériques qu'elles proposent. Elles craignent également qu'un excès d'interactivité puisse détourner l'attention et compromettre la compréhension de l'histoire racontée. Comme le confirme Tréhondart,

> Majoritairement, les éditeurs interrogés reconnaissent privilégier des formes-modèles reprenant la métaphore de l'imprimé afin de rassurer leurs lecteurs : la couverture, la table des matières, l'inscription fixe du texte sur des « pages »-écrans, le principe de la pagination, sont souvent conservés et remédiatisés pour fournir des repères connus aux lecteurs, et les aider, par un jeu de mimétisme et de reconnaissance, à se mouvoir dans le texte numérique. [...] Au-delà de la métaphore du livre imprimé, c'est aussi la possibilité d'une lecture numérique achevée et immersive, s'élaborant à l'encontre des pratiques qualifiées de fragmentaires et d'extensives sur l'Internet, que défendent les éditeurs (2014 : en ligne).

Le choix du format éditorial, indissociable de la volonté de chaque éditeur ou éditrice de projeter un *ethos* plus ou moins expérimental, est aussi déterminé par des contraintes économiques diverses. En effet, les applications, qui permettent une plus grande interactivité, coûtent cher, mais se vendent mieux, car elles sont proposées à des prix plus bas. D'autre part, elles sont plus difficiles à rentabiliser. Comme le confirme Françoise Prêtre dans un entretien de 2012,

> En France, et ce n'est pas un scoop, le marché du livre numérique est compliqué. [...] En proposant des prix ridiculement bas avec pour premier moteur de vente, les promos, lorsque ce n'est pas le gratuit, cela verrouille le marché dans des pratiques

> qui ne sont pas en adéquation avec une rentabilité. [...] Depuis juin 2010, 16 091 téléchargements ont été générés (gratuits et payants confondus pour 6 titres) pour un ca global de 3 173€ ! (dans Sutton 2012 : en ligne)

Gracia, responsable numérique aux éditions Fleurus, explique les raisons pour lesquelles le format Epub 3 est plus rentable : « Une application va coûter 2000 €, et peut monter sans peine jusqu'à 10.000 €. Un EPUB, lui, coûtera une centaine d'euros, et si l'on passe sur un modèle *fix-layout*, on peut compter 10 ou 20 € » (dans Gary 2013 : en ligne). Le format e-Pub, utilisé souvent pour les livres enrichis vendus sur l'iBookStore, permet une lecture plus linéaire, moins ludique et moins interactive. Ces livres ont néanmoins une vie moyenne plus longue. Comme l'explique Tréhondart,

> le choix du format non propriétaire ePub pour réaliser le livre numérique enrichi [...] semble incarner une volonté de déjouer ce rapport de pouvoir en échappant au verrouillage sur une seule plateforme commerciale. Le choix de l'ePub peut également être interprété comme une tactique de résistance envers l'obsolescence programmée des contenus applicatifs en s'inscrivant dans la pérennité du langage HTML. En ce sens, ce choix de conception modélise potentiellement des pratiques de lecture pérennes pour des usagers désireux de ne pas être tributaires du seul système propriétaire Apple (2018 : 679-680).

En effet, le problème de la conservation des appli-livres sur l'App Store, et donc de leur vie éphémère, est le souci majeur des acteurs et actrices de ce segment de marché de l'édition jeunesse. Qu'il s'agisse de *pure players* ou de grandes maisons d'édition qui se sont ouvertes au numérique, telles que Gallimard ou Bayard jeunesse, tous insistent sur les rapports difficiles avec Apple, leader sur ce marché. Quand nous avons demandé à Prêtre si l'équipe Google et les systèmes Android pourraient être une alternative à Apple dans la commercialisation et la distribution de ses produits, elle a répondu :

> Je ne crois pas, parce que c'est toujours une question de marché. J'étais sur les trois marchés, Apple, Google et Amazon avec mes appli-livres. Je vendais 10 fois plus sur le marché Apple que sur le marché Google. Sur le marché Amazon, c'est peanuts [...]. Le meilleur chiffre d'affaires que j'ai fait sur une année avec 7 applis c'était 2000 euros. Quand vous savez qu'Apple prend 30 % il reste quoi ? (Prêtre 2020)[23]

---

[23] Toutes les citations de l'entretien avec Françoise Prêtre, qui a eu lieu le 20 septembre 2020, ont été transcrites par l'autrice.

Le véritable problème pour les éditeurs et les éditrices est donc l'impossibilité de faire face aux politiques éditoriales d'Apple (Gary 2013 : en ligne). La firme, pour garder leurs produits en vente sur l'App Store, oblige les maisons d'édition à des opérations fréquentes de mise à jour de leurs applis (Zheng Ba 2018 : 200), qui produisent des coûts supplémentaires difficilement supportables. Comme Prêtre le signalait déjà en 2012,

> ce business ne rapporte vraiment qu'à un seul acteur qui régente tout, jusqu'aux prix, changés en une nuit (sur l'appStore) sans que nous (éditeurs) en soyons avertis préalablement. […] Nous, éditeurs, sommes clients de la firme. Chacun reverse 30% de ses recettes et pourtant c'est nous, clients, qui subissons le despotisme de cette société qui n'a aucune considération pour ceux qui la font vivre ! Le monde à l'envers… et ça fonctionne ! (dans Sutton 2012 : en ligne)

Si les éditeurs.trices n'ont pas les ressources financières nécessaires pour assurer la visibilité de leurs applis sur l'App Store, ainsi que pour la mise à jour de leurs produits, ceux-ci sont destinés à une mort certaine. Comme le confirme Gaudriot, fondatrice de la maison d'édition A & A, désormais fermée, « [t]he hardest part [in creating a narrative app] is making endless updates to be compatible with Google Play, the AppStore […] and with all tablet formats, which requires strong financial backup » (dans Zheng Ba 2018 : 216-217). En effet, une application qui n'est pas mise à jour ne sera plus disponible sur l'App Store, ou si elle a déjà été achetée, elle posera des problèmes techniques lors de sa consultation.

Dans ce cadre, la traduction est d'abord une ressource économique pour ces éditeurs.trices, dans la mesure où elle permet de cibler un marché plus vaste, notamment anglophone. Comme Prêtre l'a confirmé pendant notre entretien : « Le marché qui était très dynamique au niveau des appli-livres était l'Angleterre et les Etats-Unis. [J'ai décidé de miser sur des produits bilingues français-anglais] pour m'adresser à eux principalement. C'était pour élargir la cible » (2020). Considérant les chiffres de vente des éditions bilingues, Colombier confirmait que, en 2013, « [p]our 10 applications vendues en anglais, il s'en vend une en français, ou dans d'autres langues européennes » (dans Gary 2013 : en ligne). Par ailleurs, le multilinguisme des appli-livres présents sur l'App Store est souhaité par Apple, comme l'explique Mosca, fondateur de TM Consulting, qui travaille tout particulièrement avec les éditions Gallimard : « Apple réclame des projets ambitieux, et attend de plus en plus que l'on propose des applications multilingues. Pour Gallimard, cela passe par des coéditions avec des éditeurs étrangers, pour s'assurer un relais marketing et communication dans les différents pays » (dans Gary 2013 : en ligne).

Ce rôle stratégique de la traduction nous a amenée à interroger Prêtre sur le travail de traduction inhérent à la vaste offre bilingue de La Souris qui raconte. L'éditrice a expliqué que les textes ont été traduits du français à l'anglais par une traductrice professionnelle mais qu'ils ont ensuite été relus par une spécialiste de l'interprétation simultanée. Comme les appli-livres de La Souris Qui Raconte offrent l'option « lis pour moi », des corrections ont alors été faites pour que les textes puissent être lus de façon naturelle à voix haute :

> On a beaucoup travaillé en traduction avec une amie de mon mari qui était traductrice simultanée. [...] Elle nous a conseillés. C'est mon mari et moi, la maison d'édition. On ne travaille qu'avec des indépendants, qu'avec nos moyens. On n'a pas les moyens d'une grosse maison d'édition qui va réfléchir sur l'adaptation. [...] J'ai essayé de trouver un compromis entre ma réalité financière et la qualité des traductions que je pouvais composer (Prêtre 2020).

La difficulté de traduire de façon « éthique » un texte caractérisé par une « lettre » (Berman 1999) plurisémiotique, ainsi que les problèmes liés au transfert de celui-ci d'une langue-culture à une autre ne sont pas pris en compte lors de la création de l'appli-livre ou du livre enrichi. De fait, les traducteur.trice.s ne sont pas censé.e.s travailler en collaboration avec les autres créateur.trice.s de la matérialité textuelle multimodale du produit. Prêtre nous l'a confirmé : « Le traducteur travaille indépendamment et les problèmes que la traduction pose ne sont pas envisagés lors de la conception de l'appli-livre [...]. Le travail de traduction est un travail qui est à mon sens à part [...]. C'est un travail qui s'instaure et qui vient après, et qui peut être fait n'importe quand d'ailleurs » (Prêtre 2020).

Aux yeux de sa directrice, la traduction est néanmoins en mesure de jouer un rôle stratégique pour La Souris Qui Raconte. Prêtre a choisi d'abandonner les appli-livres, pour s'orienter vers les livres interactifs (disponibles dans l'iBookStore) et surtout pour revenir au livre web. Ce genre, grâce à des formules d'abonnement à son site, s'est révélé le plus rentable, et la traduction permet l'ouverture nécessaire au marché anglophone. L'éditrice a précisé que « tous les livres que nous avons faits en application [deviendront] des livres web en anglais [...]. Les deux premiers vont sortir le 1 mars 2021. Il y en aura douze [...]. Les traductions seront les mêmes que celles qu'on a faites pour les applis, parce qu'on réutilise le matériel » (Prêtre 2020).

Ce choix a été « obligé » selon Prêtre. Le bilan qu'elle dresse de son expérience de production d'appli-livres, qui en 2012 « balan[çait] entre enthousiasme et découragement » (dans Sutton 2012 : en ligne), tourne au négatif en 2020[24]. Pour la directrice de La Souris Qui Raconte, le marché numérique jeunesse n'est pas prêt pour ce genre de produit[25]. Voici son avis concernant l'avenir de l'appli-livre :

> C'est un marché qui a évolué dans le mauvais sens [...] ça a fait un flop. On a trop voulu rapprocher les livres-application des jeux. Or, le livre application n'est pas un jeu. [...] Le livre application demande un coût de développement conséquent pour une rentabilité quasi nulle. Ce qui est en train de se passer, c'est que ça ne prend pas. C'est pour ça que moi, je me suis vraiment concentrée sur le web. [...] Les éditeurs qui ont fait du livre-application en ont fait entre 2012-2014. Je peux vous citer plein de noms de sociétés qui se sont arrêtées parce qu'il n'y avait pas de marché. [...]. Ce qui a fait la force de La Souris Qui Raconte, c'est que j'ai d'abord démarré sur le web, je ne me suis pas contentée de démarrer sur le store Google et Apple. [...]
>
> Est-ce qu'il y aura un rebond à un moment ou un autre, ça je ne sais pas dire [...]. Mais aujourd'hui [...] ça n'a pas suffisamment de prise pour que ça devienne commercial [...]. Il y aura peut-être, quand les technologies seront moins chères, un développement des choses [...]. Mais aujourd'hui le marché n'est pas prêt et la concurrence du jeu et des applis-jeu est extrêmement forte (Prêtre 2020).

Or, les technologies se développent très rapidement et il est difficile de prévoir quel sera l'avenir de l'appli-livre. Des ombres s'étendent sur ce segment de marché, et les avis des éditeurs.trices sont partagés et ambigus à ce propos (Zheng Ba 2018 : 224). Selon Zheng Ba, la recherche d'une filiation trop marquée avec le livre imprimé ne permet pas aux éditeurs

---

[24] La maison d'édition a fermé ses portes en 2024. Le site disparaîtra du web fin 2025 et ses applications ne sont désormais plus disponibles sur les stores Apple et Google.

[25] Les dates de publication des ouvrages de notre corpus confirment que l'intérêt des éditeurs.trices pour l'expérimentation littéraire de l'appli-livre et du livre enrichi s'est affaibli après 2015, sans doute à cause des difficultés liées à la vente et à la conservation de ces produits sur les plateformes. N'ayant pas la possibilité d'approfondir davantage les raisons de ce phénomène éditorial dans cette étude, nous renvoyons le lecteur/la lectrice intéressé.e aux recherches de Tréhondart (2018, 2014, 2013) et de Zheng Ba (2018).

et éditrices d'exploiter en profondeur les potentialités du numérique. A ce problème s'ajoute le manque d'une reconnaissance institutionnelle effective de la littérature publiée en version applicative. Comme Zheng Ba l'a remarqué,

> French Ministry of National Education offered subsidies to support digital reading only if it was in the format of the e-book running on epubs (i.e. e-books presented in traditional print book formats). This seems to suggest that multimedia and multimodal ways of experiencing literary works like narrative apps was not recognised as a way of reading by French Ministry of National Education in 2016 (2018 : 225).

La survie de l'appli-livre semble ainsi dépendre de la capacité des éditeurs et des éditrices à s'affranchir de la tradition du livre imprimé, et à expérimenter des formes nouvelles de création artistique, qui puissent jouir d'une reconnaissance véritable dans le champ littéraire. Les mots de Gaudriot confirment cette nécessité : il faudra dans l'avenir « [t]ravailler sur des histoires pour tous les supports (livres, ordinateurs, tablettes, téléphones) en exploitant chaque support pour ce qu'il est. Ne pas faire une copie du livre pour le coller sur une tablette mais y amener quelque chose en plus. Entre le jeu et le livre, offrir de l'aventure et du rêve ! » (dans Zheng Ba 2018 : 226). Les véritables chances de survie de l'édition numérique jeunesse dépendent donc de sa capacité à miser sur les potentialités du médium et à exploiter tout le pouvoir d'hybridation multimodal de ce dernier.

2.3. Le paratexte numérique : repenser la notion de péritexte et d'épitexte

Comme Genette nous le rappelle, le paratexte est « ce par quoi un texte se fait livre » (1987 : 7-8), la dimension paratextuelle de ces produits joue par conséquent un rôle stratégique pour les éditeurs.trices. Notre corpus offre l'occasion non seulement de réfléchir sur le rôle de la dimension paratextuelle dans la réception d'un livre enrichi ou d'un appli-livre pour enfants ou adolescent.e.s, mais aussi de repenser la notion même de paratexte en contexte numérique. En effet, comme le confirme McCracken,

> Gerard Genette's formulations on paratexts [...] need augmentation and modification for the analysis of transitional electronic texts. Elements such as covers, epigraphs, footnotes, auto-commentaries and publishers' ads take on new paratextual

functions in the age of digital reading and join a large array of new paratexts not developed in print literature (2013 : 106).

La littérature numérique produit ainsi des formes paratextuelles nouvelles, aussi bien au niveau épitextuel (Carioli 2018 : 30 ; McCracken 2013 : 110) que péritextuel. En ce qui concerne le niveau péritextuel, McCracken propose une distinction intéressante entre péritextes numériques centripètes et centrifuges. Les péritextes centrifuges attirent les lecteurs ou les lectrices en dehors du texte : par exemple, pendant la lecture d'un livre électronique, ils ou elles peuvent facilement consulter des blogs, lire des commentaires d'autres internautes ou la page web d'un auteur ou d'une autrice sans mettre de côté l'appareil électronique (2013 : 106-107). Les péritextes centripètes, par contre, dilatent la textualité en plongeant le lectorat dans des activités qui suivent des voies centripètes (2013 : 112). Un exemple de péritexte centripète est ainsi la couverture : élément de protection et de définition de l'espace du livre imprimé, elle devient dans le contexte numérique une icône cliquable, qui fait démarrer la lecture de l'ouvrage numérique (Tréhondart 2014 : en ligne). Parfois elle imite son homologue papier, en proposant le nom de l'auteur.trice, le titre, une image statique et en indiquant éventuellement le nom de la maison d'édition et son logo. Dans d'autres cas, elle est « animée » et/ou interactive, et associe une brève animation à des sons ou à de la musique (Tréhondart 2013 : 183).

Dans les livres enrichis comme dans les appli-livres, la table des matières est souvent interactive, et elle peut être caractérisée par des « formes-modèles » variées. Par exemple, elle peut se présenter sous forme de liste interactive des titres des chapitres, ou associer ces derniers à des images à leur tour interactives, ou encore prendre l'aspect du « chemin de fer » illustré sous la forme de vignettes de pages. Dans tous ces cas, les « formes-modèles » visent à donner la possibilité de s'orienter de façon intuitive et immédiate à l'intérieur de l'ouvrage numérique (Tréhondart 2014 : en ligne). Les éditeurs.trices souhaitent ainsi « simuler la réalité physique de l'objet-livre en cadrant l'activité de lecture dans un espace délimité, se donnant à 'voir' et à 'toucher' » (Tréhondart 2013 : 184).

La « page-écran » (Tréhondart 2014 : en ligne) peut être manipulée de façon variée : il est possible d'agrandir la taille des caractères ou des images, ou encore de modifier la luminosité de l'écran. Le texte peut être lu verticalement ou bien, de façon plus traditionnelle, horizontalement. Un geste interactif peut simuler l'action de tourner la page afin de reproduire l'expérience de lecture du livre imprimé. La matérialité du papier ou le caractère usé de la page peuvent être recréés sur la page-écran, confirmant une fois de plus que les éditeurs.trices « ressentent le besoin de donner de la profondeur à ces lectures, en mettant en exergue la 'matière' du texte » (Tréhondart 2013 : 183). Celui-ci peut également être associé à des illustrations, à des animations activables, à des extraits vidéo, à des sons ou à de la musique, et proposer ainsi une expérience de lecture immersive et multisensorielle qui reprend et renouvelle celle des albums pop-up. Tréhondart a néanmoins relevé une certaine prudence dans l'usage de ces ressources multimodales de la part des éditeurs.trices interviewé.e.s, qui redoutent une ludification excessive de l'expérience de lecture (2014 : en ligne).

En ce qui concerne l'épitexte de ces produits numériques, Carioli (2018 : 30) a remarqué que le web devient le lieu privilégié où l'histoire racontée dans le livre s'offre à son public et en même temps 'se prolonge'. En effet, nous pouvons y trouver des informations concernant la genèse de l'ouvrage (sur l'App Store ou l'iBookStore, sur le site de la maison d'édition ou sur la page personnelle de l'auteur.trice ou de l'illustrateur.trice). Sur les plateformes de vente, l'appareil épitextuel en ligne est amplifié par la présentation d'une sélection de captures d'écran de l'ouvrage, qui montrent par exemple des icono-textes ou des animations tirés de celui-ci : ces citations numériques visent à captiver l'intérêt du lecteur ou de la lectrice et à le ou la pousser à l'achat. Il est également possible de trouver sur le web (sur le site de la maison d'édition ou sur des plateformes telles que Youtube) de courtes vidéos promotionnelles, appelées *book trailer* ou *book teaser*. Ces bandes-annonces proposent des extraits qui recréent l'ambiance de la narration et donnent une idée du type de lecture que l'on peut faire de l'appli-livre ou du livre enrichi.

Enfin, il ne faut pas oublier que les appli-livres et les livres enrichis sur l'App Store ou l'iBookStore sont également commentés et évalués par les internautes qui les ont achetés sur ces mêmes plateformes, et que celles-ci associent ces produits à d'autres considérés comme similaires et achetés par d'autres clients ou clientes. Au niveau épitextuel, la présentation de l'ouvrage numérique est donc soumise à une double tension : d'une part verticale et hiérarchique, car les maisons d'édition et les plateformes contrôlent les modalités de son introduction sur le marché, d'autre part, cette introduction est soumise également à une tension horizontale, dans la mesure où les internautes peuvent contribuer à la présentation du texte et en conseiller ou déconseiller l'achat.

2.4. Paratextes numériques et « *ethos* éditorial »

L'« acte éditorial » doit être conçu, selon Ouvry-Vial, comme une « situation d'énonciation, non pas dissociée mais intégrée au texte et qui se traduit autant dans et par la matérialité visuelle du livre que dans les opérations intellectuelles de son établissement et les éléments paratextuels qui l'accompagnent » (Ouvry-Vial 2007 : 77-78). Dans ce cadre, la notion de « geste éditorial » (Ouvry-Vial 2007 : 79-80) permet de repenser en profondeur le processus de transmission des ouvrages littéraires dans un contexte numérique. En effet, il relève d'une « sémiotique de l'acte éditorial » inspirée de Kristeva, qui permet « d'explorer, au-delà du processus linguistique et discursif, de son effet, de l'image et de l'objet visuel résultant, l'action elle-même » (2007 : 80). La gestualité est de ce fait pensée, ainsi que le souhaite Kristeva, comme « une activité dans le sens d'une *dépense*, d'une productivité antérieure au produit, […] [le geste] est (et il rend concevable) *l'élaboration* du message, le *travail* qui précède la constitution du signe (du sens) dans la communication » (Kristeva 1969 : 32). Le « geste éditorial » résulterait donc de l'ensemble des décisions et des actions qui sont à l'origine du processus de production d'un livre ainsi que de la volonté de l'éditeur ou de l'éditrice de se positionner de façon spécifique dans le champ littéraire, par ses pratiques éditoriales et par ses prises de parole dans l'espace public[26].

---

[26] De ce point de vue, la notion « d'image d'éditeur », élaborée dans l'étude « *Ethos et scénographie éditoriaux* : analyse sémio-discursive de deux réécritures numériques de classiques littéraires » (Amadori, 2023a) et inspirée de celle d'« image d'auteur » d'Amossy (2009), est pertinente. En effet, le « geste éditorial » d'un éditeur numérique est également la source énonciative de son « image d'éditeur » circulant dans l'espace public, qui ne peut qu'entrer en résonance avec son « *ethos* éditorial » « montré » dans ses livres enrichis ou ses appli-livres. L'« image d'éditeur », ou « *ethos* éditorial » « dit », pour reprendre une autre catégorie théorique proposée par Maingueneau (2004 : 206), est donc bâtie par les responsables d'une maison d'édition et vise à mieux définir son positionnement dans le champ littéraire.

La « gestualité » de l'éditeur.trice est à l'origine de ce que nous appelons dans cette étude son « *ethos* éditorial », à savoir l'ensemble des choix multimodaux qui produisent l'image discursive plurisémiotique souhaitée par la maison d'édition et projetée dans ses produits numériques, notamment au niveau paratextuel. En effet, l'éditeur ou l'éditrice est d'une part le premier acteur/la première actrice responsable de l'introduction de ses ouvrages sur le marché, et d'autre part il ou elle en est également le premier/la première interprète : comme le constate Ouvry-Vial, c'est un « médiateur entre auteur et lecteur, assurant la transmission de l'œuvre [...]. Le terme de geste désigne [...] dans un premier temps le double acte de lecture et de mise en livre et par extension l'organisation dans le livre des conditions de réception de l'œuvre » (Ouvry-Vial 2007 : 79). Autrement dit, l'« *ethos* éditorial » manifeste et résume l'interprétation de l'ouvrage que l'on enrichit, la réélaboration sémiotique que l'éditeur ou l'éditrice propose à son public ainsi que la façon dont il/elle le lui présente dans les épitextes.

Au niveau péritextuel, la « réception éditoriale » (Ouvry-Vial 2007 : 72-75) détermine l'emploi de marques précises, qui sont, comme le constate Souchier,

> des éléments [qui] peuvent être analysés d'un point de vue sémiotique comme autant « d'embrayeurs » de l'activité éditoriale (l'emprunt au registre de la linguistique énonciative peut en effet répondre aux nécessités méthodologiques de la sémiotique visuelle), car ils constituent les indices tangibles de la « parole silencieuse » de l'éditeur (2007 : 32-33).

Une telle conception de l'« énonciation éditoriale » permet de penser l'« écriture éditoriale » comme « l'une des composantes de la littérarité même du texte littéraire », qui rend « légitime la revendication d'une 'véritable auctorialité' » pour les éditeurs.trices (Souchier 2007 : 30). L'« énonciation éditoriale » d'un éditeur ou d'une éditrice littéraire numérique serait ainsi une activité discursive plurisémiotique produisant un « *ethos* éditorial » qui se manifeste par des formes icono-textuelles précises.

La notion d'« *ethos* éditorial » invite également à se pencher sur la spécificité des pratiques éditoriales au moyen desquelles l'éditeur ou l'éditrice souhaite produire un effet sur son lecteur ou sa lectrice et orienter la réception de ses ouvrages. La « réception éditoriale » n'est pas seulement celle que l'éditeur ou l'éditrice fait de l'ouvrage qu'il/elle enrichit : elle est aussi indissociable, selon Ouvry-Vial, de « la réception de la lecture éditoriale par le lecteur qui comprend et mesure et apprécie diversement les modalités et enjeux du travail d'édition du texte » (2007 : 74). Dans ce cadre, l'approche proposée par Saemmer, dans son ouvrage *Rhétorique du texte numérique* (2015), est pertinente pour étudier les marques éditoriales par lesquelles un éditeur/une éditrice tout à la fois bâtit son *ethos*, oriente la réception de ses produits numériques et essaie de se positionner dans le champ de l'édition numérique. En effet, cette approche rhétorique, qui s'inspire de la nouvelle rhétorique de Perelman (2000) ainsi que des théories de la réception de Jauss (1978) et d'Iser (1976), se propose de « cerner les pratiques de lecture modélisées par le texte numérique, à travers ses procédés rhétoriques et ses formes graphiques sur la page-écran » (Saemmer 2015 : 13). Comme Saemmer l'explique,

> Toutes les formes qui entourent le texte numérique sur une page-écran, sans être elles-mêmes du texte, préfigurent également les pratiques du lecteur : en font partie les couleurs du fond (imitant parfois la page papier), la mise en espace du texte (par exemple, sous forme de tableau), bref toutes ces matérialités de la communication qui mettent littéralement le texte en forme. La rhétorique de la réception du texte numérique repose donc […] sur l'examen du potentiel d'action du texte numérique avec ses matérialités […]. Les imaginaires socialement partagés du dispositif, de l'Internet et du texte numérique jouent un rôle indéniable dans le processus de conception et de lecture (2015 : 14-15).

Les matérialités du texte numérique peuvent donc soit confirmer l'appartenance des ouvrages numériques à la tradition littéraire dont ils se veulent les héritiers, soit la nier pour la renouveler. Autrement dit, elles ressortissent d'une « auctorialité » éditoriale (Souchier 2007 : 30) produisant un *ethos* projeté notamment par les péritextes et les épitextes des ouvrages numériques et visant à en orienter la réception auprès du public.

Les épitextes numériques du corpus

En analysant les icono-textes de présentation des ouvrages qui forment le corpus de cette recherche et en limitant intentionnellement notre analyse aux plateformes de vente (iBookStore ou App Store), nous avons pu remarquer des éléments récurrents ainsi que des différences, liées notamment au type de plateforme. Sur l'iBookStore la présentation des livres enrichis est plus concise : outre une sélection de captures d'écran, on y propose un résumé du contenu des ouvrages et d'autres informations éditoriales le concernant (éditeur.trice, année de publication, langues, nombre de pages). La volonté de revendiquer l'appartenance de ces livres au monde de l'édition 'traditionnelle' est évidente. Pour *Le Horla,* par exemple, la présentation insiste sur le fait que « Le titre fait partie de la COLLECTION NAUTILUS, les classiques interactifs sur tablette »[27]. De façon similaire, *Alice au Pays des Merveilles* de Diane de Selliers est présenté comme la réécriture numérique d'un classique, nécessairement dotée d'un appareil péritextuel très riche[28]. Les épitextes des livres enrichis de notre corpus misent donc sur le caractère littéraire de ces ouvrages, tout en insistant sur l'expérience de lecture inédite et engageante qu'ils offrent au public.

Sur l'App Store, de façon similaire, les textes de présentation souhaitent convaincre qu'une expérience de lecture nouvelle et unique de l'appli-livre est possible. Le caractère multimodal et expérimental de ces produits numériques est présenté comme un atout, et leur dimension interactive et ludique est constamment valorisée. Dans ces épitextes, les impératifs qui invitent à jouer avec le texte sont multipliés. Le recours à des adjectifs axiologiques ou affectifs y est systématique, ainsi qu'à d'autres formes discursives visant à agir sur le *pathos* du lecteur ou de la lectrice ou à manifester celui de l'énonciateur ou de l'énonciatrice (par exemple par la multiplication des points d'exclamation, le recours à des smileys ou à des lettres capitales pour simuler à l'écrit le volume de la voix).

Les épitextes entendent également convaincre le public de la valeur esthétique et littéraire de ces produits numériques, en les comparant à des textes littéraires canoniques. *Boum !*, par exemple, est assimilé au poème « Le temps perdu » de Prévert[29]. L'épitexte de *The Wanderer : Frankenstein's Creature* inscrit le jeu vidéo, co-produit par La Belle Games et ARTE France, dans le sillage du célèbre mythe littéraire, tout en insistant sur la valeur artistique

---

[27] https://books.apple.com/fr/book/le-horla/id859256249
[28] https://books.apple.com/fr/book/alice-au-pays-des-merveilles-et-de-lautre-c%C3%B-4t%C3%A9-du/id977725825
[29] https://apps.apple.com/us/app/boum/id998434373

des images et de la bande son[30]. Les prix et les mentions littéraires obtenus sont constamment cités pour confirmer l'appartenance de ces appli-livres au champ littéraire et insister sur la reconnaissance que « l'institution littéraire » (Maingueneau 2004 : 42) leur a accordée. L'épitexte de *Oh !*, par exemple, mentionne le jugement très positif formulé par le jury du BolognaRagazzi Digital Award[31]. Avec la même visée promotionnelle et persuasive, des extraits de comptes rendus ou de revues de presse sont cités, qui attirent l'attention sur la valeur et sur l'intérêt critique des produits présentés (on pourra lire, à titre d'exemple, l'épitexte de *Dans mon rêve*[32]). Le cas de la présentation de *Phallaina* est particulièrement intéressant : l'App Store mentionne non seulement les prix institutionnels décrochés, mais également les évaluations positives des internautes. Cet épitexte confirme donc l'existence de la double tension, horizontale et verticale, qui sous-tend l'introduction de ces produits sur le marché :

> International recognition
> Released in January 2016, selected as part of the official competition of the Angoulême International Comic Book festival, as well as the Naples Comicon, Phallaina has also won the Best digital comic award at the 2016 New Media Film Festival in Los Angeles, and has known a great amount of success in numerous festivals such as the Peabody awards and the Webby awards.
> But our biggest reward are your stars, shares and comments which fill us with joy and gratitude!
> And for those of you who have not yet taken the plunge, hesitate no longer :) !
> Download Phallaina now, and delve right into Audrey's world.
> © France Télévisions - Small Bang 2016[33]

Notre analyse des épitextes du corpus révèle que leur dénominateur commun est la volonté de mettre en évidence le caractère nouveau et expérimental de ces produits numériques. Mais qu'en est-il des péritextes numériques ? Est-ce que ces éditeurs.trices qui valorisent un « *ethos* éditorial » expérimental dans leurs épitextes, projettent effectivement cet *ethos* au niveau péritextuel à travers leurs choix éditoriaux ?

---

[30] https://apps.apple.com/us/app/the-wanderer/id1481478777
[31] https://apps.apple.com/ie/app/oh-the-magic-drawing-app/id977170314
[32] https://apps.apple.com/fr/app/dans-mon-r%C3%AAve/id482593584
[33] https://apps.apple.com/us/app/phallaina/id1310744939.

Les péritextes numériques du corpus

Dans cette section nous focaliserons notre attention sur les appli-livres et les livres enrichis narratifs. De fait, en raison de la spécificité même de la notion de péritexte, celle-ci perdrait au moins partiellement sa cohérence si elle était utilisée pour étudier les icono-textes des applications ayant une finalité éducative ou des jeux vidéo. Nous montrerons, par le biais d'une étude qualitative, que l'*ethos* des éditeurs ou des éditrices se manifeste au niveau péritextuel par leurs choix de « figures d'animation » et de « formes-modèles » spécifiques et caractéristiques du texte littéraire numérique (Saemmer 2015). L'analyse des choix de ces matérialités discursives, sans vouloir proposer un classement binaire trop rigide, permettra de distinguer entre éditeurs ou éditrices qui, par leurs produits, souhaitent projeter un *ethos* plus expérimental et éditeurs ou éditrices qui accordent leur préférence à un *ethos* plus traditionnel, en recherchant plutôt une filiation de leurs ouvrages avec la tradition littéraire imprimée. Le classement par classe d'âge sera en revanche pertinent et utile afin de mettre en évidence, d'une part, l'absence de certains types de péritextes dans les livres interactifs pour les plus petit.e.s et, d'autre part, la recherche de péritextes permettant une expérience de lecture immersive dans les ouvrages s'adressant à un public de jeunes adultes.

Appli-livres et livres enrichis pour enfants

A l'intérieur de notre corpus, les appli-livres et les livres enrichis pour enfants qui ont un format éditorial plus traditionnel sont ceux de La Souris Qui Raconte (*Ogre doux, Thibaut au pays des livres, L'ogresse, Conte du haut de mon crâne, Il suffit parfois d'un cygne*) ainsi que l'appli-livre *Boum !* de Les inéditeurs. Ces ouvrages peuvent être lus horizontalement, en faisant défiler les pages-écran de la droite vers la gauche ou en utilisant des flèches en bas de page. La lecture à voix haute de l'histoire, éventuellement activable, est parfois accompagnée des sons ou de la musique. La dimension ludique et interactive est faible et les animations typographiques ou graphiques sont rares : ces ouvrages n'exploitent pas vraiment le potentiel de la tablette et l'expérience de lecture qu'ils proposent reste proche de celle que l'on fait de leurs homologues imprimés, albums illustrés ou *silent books* (*Boum !* est un véritable *silent book* défilant).

Les péritextes des appli-livres *Bleu de toi* et *La grande fabrique des mots* permettent en revanche à Cotcotcot éditions et à Mixtvision de projeter un *ethos* moins traditionnel. Les deux applications ont une couverture animée et le sommaire y est absent. Dans *Bleu de toi*, la présence d'un court péritexte auctorial, l'introduction écrite et lue par l'auteur-illustrateur Dominique Maes, reprend et renouvelle cette forme péritextuelle traditionnelle. Les potentialités de la tablette sont exploitées de façon plus audacieuse que dans les applications de La Souris Qui Raconte : dans *Bleu de toi* comme dans *La grande fabrique des mots*, par exemple, les illustrations sont interactives et/ou manipulables. En appuyant sur l'écran, ou en manipulant la tablette, l'enfant peut faire progresser l'histoire, activer des animations ou des jeux. Dans les deux applis, qui offrent l'option « lis pour moi », l'histoire est accompagnée de la musique et du son. La lecture se fait néanmoins horizontalement et la pagination, évoquant celle des albums illustrés imprimés, reste assez traditionnelle. Des choix péritextuels encore plus audacieux ont été faits pour les appli-livres *Dans mon rêve, Avec quelques briques, Oh !* et *Cache-cache ville*, qui ont tous une couverture animée ou interactive. Les deux dernières applications, dépourvues de textes, demandent par exemple à l'enfant de jouer avec les images, en proposant une expérience de lecture-jeu tout à fait nouvelle. En revanche, dans l'appli *Dans mon rêve* l'enfant peut manipuler le texte ainsi que les images pour créer des tableaux iconiques et verbaux surprenants.

Parmi les applis du corpus pensées pour un public d'enfants, *Avec quelques briques* est la plus innovante. L'interaction avec l'écran et les activités ludiques y sont essentielles pour faire progresser l'histoire, et la lecture est enrichie par plusieurs figures d'animation caractéristiques du texte numérique narratif. Le héros, dans le cadre d'un parcours de formation qui dure le temps de la lecture de l'appli, découvre l'origine de ses larmes, en comprenant que la véritable source en est le cœur. L'enfant l'aide dans cette découverte progressive, tout en la rendant possible grâce à sa manipulation de la tablette. Comme la fig. 2.1 le montre, l'appli-livre lui demande, par exemple, d'ouvrir l'œil du héros et d'entrer avec lui dans les profondeurs de son âme. L'interaction avec l'écran fait démarrer une animation appelée par Saemmer « trajectoire inexorable » (2015 : 229), qui révèle progressivement à la vue un château fort en briques, entouré d'une douve emplie d'eau (fig. 2.2).

Figure 2.1. ©*Avec quelques briques*, Vincent Godeau et Cléa Dieudonné, 2014.

Figure 2.2. ©*Avec quelques briques*, Vincent Godeau et Cléa Dieudonné, 2014.

La volonté d'exploiter toutes les ressources multimodales et cinétiques de la tablette ressort d'autres passages de l'histoire. Par exemple, quand le cœur est triste, les douves du château débordent et déversent des larmes. En appuyant sur l'œil du héros (fig. 2.3), l'enfant peut déclencher l'inondation (fig. 2.4), et la maîtriser en penchant la tablette à droite et à gauche. Nous avons ainsi un exemple intéressant de « kiné-gramme » : comme l'explique Saemmer, ce procédé rhétorique « donne potentiellement l'impression au lecteur de manipuler aussi l'objet ou le concept évoqués, et non seulement le mot », en produisant un effet d'« irradiation iconique » (2015 : 146). Après l'inondation et la découverte de son cœur (symbolisant l'amour) à la page-écran suivante, le héros ressent le besoin de partager sa vie avec quelqu'un. Suite à la destruction de son château fort, qui emblématise la vie solitaire de l'adolescent, il se donne pour tâche de bâtir une maison pour y vivre avec sa femme pendant l'âge adulte. Le lecteur, en jouant avec la tablette et en activant un autre « kiné-gramme », aide une dernière fois le héros et lui permet d'achever son parcours de formation (fig. 2.5).

Figure 2.3. ©*Avec quelques briques*, Vincent Godeau et Cléa Dieudonné, 2014.

Figure 2.4. ©*Avec quelques briques*, Vincent Godeau et Cléa Dieudonné, 2014.

Figure 2.5. ©*Avec quelques briques*, Vincent Godeau et Cléa Dieudonné, 2014.

L'analyse de ce premier groupe d'appli-livres et de livres enrichis pour enfants nous permet d'affirmer que dans ces ouvrages la dimension iconique l'emporte sur le texte écrit, comme il arrive dans les albums, les *silent books* ou les livres pop-up imprimés qui s'adressent à un public jeune ou très jeune. La composante interactive et ludique, ainsi que la manipulation de l'écran de la part de l'enfant, y jouent un rôle de premier rang. Les péritextes sont en général « centripètes », et si des péritextes « centrifuges » sont prévus, leur activation (qui détermine une sortie du livre) ne se fait que sous le contrôle parental.

Appli-livres et livres enrichis pour jeunes adultes

Les appli-livres et les livres enrichis du corpus qui s'adressent à un public de jeunes adultes, ou qui peuvent être considérés comme des ouvrages *cross over*, sont L'homme volcan, Phallaina et les réécritures numériques d'*Alice au Pays des Merveilles*, de *Voyage au centre de la terre* et du *Horla*. Tous ces ouvrages proposent une expérience de lecture immersive par le recours à des « formes-modèles » ou à des « figures de manipulation » ou « d'animation » spécifiques. Celui qui essaie de façon la plus explicite d'instaurer un rapport de filiation avec la tradition du texte littéraire imprimé est *Alice au Pays des Merveilles* de Diane de Selliers. L'âge de lecture n'est pas indiqué sur l'iBookStore : le livre s'adresse à un public de lecteurs et lectrices très varié. Nières-Chevrel constate par ailleurs (2014 : 287) « l'appropriation adulte du récit [...] qui fut en France une donnée décisive de sa réception ». Le riche paratexte éditorial de ce livre enrichi (avant-propos de l'éditeur, préface, postface, notes de commentaire tirées des *Œuvres complètes* publiées dans la « Bibliothèque de la Pléiade ») confirme la volonté de mettre l'ouvrage en relation avec d'autres versions imprimées du classique, tout en préfigurant un.e destinataire habitué.e à lire des péritextes (auctoriaux ou éditoriaux). Plus en général, les « formes-modèles pro-intensives » choisies (présence de chapitres, de paragraphes, police de caractère avec empattements) favorisent une lecture lente et concentrée, proche de celle que l'on fait des ouvrages imprimés (Saemmer 2015 : 195).

La couverture est statique et indique le nom de l'auteur, de l'illustrateur et de l'éditeur. Le sommaire interactif, auquel on accède en cliquant sur la couverture, est un « péritexte centripète ». A partir de celui-ci, le lecteur ou la lectrice peut choisir de lire (voir fig. 2.6) : l'« Avant-propos de l'éditeur », qui raconte comment la version imprimée d'abord, et le livre enrichi ensuite, ont vu le jour ; la préface, « De l'autre côté des pixels », écrite par Marc Lambron pour la version numérique, et la postface « Alice et le code Andrea », toujours écrite par Lambron, et qui était la préface de l'édition imprimée. Il est possible de choisir de passer directement à la lecture de l'ouvrage, ou encore, en appuyant sur « Les éditions Diane de Selliers », d'atteindre une page-écran consacrée à l'édition imprimée (voir fig. 2.7). A partir de cette page, grâce à un « péritexte centrifuge », on peut visiter le site de l'éditeur et éventuellement y acheter le volume imprimé. Sans abandonner cette page-écran, en cliquant sur « Revue de presse », on aura en revanche l'occasion de lire quelques extraits de comptes rendus de l'ouvrage : c'est une forme inédite d'épitexte situé à l'intérieur du corps interactif de l'ouvrage. En revenant au sommaire interactif des différentes sections de l'ouvrage (fig. 2.6), on remarquera qu'il est entouré de citations numériques des illustrations de Pat Andrea, qui nous offrent une avant-première des différents visages de son Alice métamorphique. En bas de page, nous trouvons un autre « péritexte centripète » : un sommaire interactif complètement iconique qui défile horizontalement, et qui permet d'atteindre les différents chapitres en s'orientant dans l'ouvrage grâce aux tableaux que le peintre a consacrés à chacun d'eux.

Figure 2.6. © *Alice au Pays des Merveilles illuminé par Pat Andrea*, Diane de Selliers, éditeur, 2015.

Figure 2.7. © *Alice au Pays des Merveilles illuminé par Pat Andrea*, Diane de Selliers, éditeur, 2015.

Différents modes de lecture de ce livre enrichi sont possibles : on peut feuilleter les chapitres horizontalement pour n'admirer que les tableaux que chacun a inspirés à Andrea. En appuyant sur chaque tableau, on peut l'agrandir pour un affichage plein écran ou le manipuler pour en admirer certains détails, en exploitant un mode d'interaction avec la tablette caractéristique des catalogues virtuels d'exposition ou de musée (Saemmer et Tréhondart 2017). Le lecteur ou la lectrice intéressé.e au dialogue texte-image entrera à l'intérieur de chaque chapitre pour en lire le texte. Le défilement vertical de l'écran fait apparaître des détails des tableaux d'Andrea, qui traversent de façon inattendue l'écran, parfois en s'imposant sur le texte et en l'occultant.

Quelques mots dans chaque chapitre sont mis en évidence en jaune et sont interactifs : en les cliquant, des images, statiques ou animées, tirées des tableaux d'Andrea, apparaissent à l'écran. Dans le chapitre 4 le mot « livre », dans la phrase prononcée par Alice « On devrait faire un livre sur moi, on le devrait ! » (2015 : n.p.), est interactif et mis en évidence en jaune. En le cliquant, par une véritable mise en abyme numérique, l'image de la version imprimée de l'ouvrage apparaît et puis disparaît progressivement. Ensuite se substitue automatiquement à celle-ci une autre page-écran contenant toutes les informations relatives à l'auteur du texte anglais, de la traduction, de la préface, à la collection où la version imprimée a été publiée, etc. Le péritexte de celle-ci revient donc à l'intérieur du texte interactif de la version numérique avec une évidente visée promotionnelle, tout en réaffirmant le profond rapport de filiation qui lie les deux versions.

Si *Alice au Pays des Merveilles* de Diane de Selliers renouvelle un classique littéraire, en en proposant une édition numérique originale, l'appli-livre *Phallaina* de Small Bang souhaite en revanche renouveler un genre, celui de la bande dessinée, qui traditionnellement s'adresse à un public d'enfants et de jeunes adultes. La lecture de cette BD déroulante se fait horizontalement. En faisant défiler les pages-écran, les différentes séquences (associant images et texte fixe) s'offrent à la lecture, accompagnées parfois de la musique et du son. Quelques images s'animent, préfigurant ainsi un lecteur ou une lectrice qui accepte de perdre prise sur l'interface, et qui souhaite faire une expérience de lecture nouvelle et immersive.

Ces animations participent de la synergie qui se crée entre texte, sons et musique, et elles font revivre au lecteur ou à la lectrice les hallucinations dont souffre l'héroïne, Audrey. Le roman graphique débute par les mots de la jeune fille, qui décrit une de ses crises hallucinatoires : « ça commence progressivement. Des poissons nagent dans les airs…Puis mon champ de vision se trouble, comme si l'atmosphère se liquéfiait…J'ai l'impression d'être immergée […] de plus en plus de poissons apparaissent…Puis les baleines arrivent. Immenses et blanches » (2016 : n.p.). Ces crises se répètent par la suite tout au long de l'histoire et, en progressant dans la lecture, on les « subit » tout comme l'héroïne, les partageant ainsi avec elle.

En effet, l'écran, comme l'esprit troublé de la jeune fille, est envahi tour à tour par des poissons, par des baleines, ou encore par des êtres mythiques, mi-humains, mi-baleines, appelés Phallainas. Un exemple de ces « intrusions » graphiques est présenté dans la capture d'écran de la fig. 2.8 : nous y voyons Audrey qui fait une crise pendant un de ses nombreux encéphalogrammes. Grâce à la « figure d'animation » appelée par Saemmer « sans direction par excès d'information », l'écran est progressivement envahi par les Phallainas, et enfin par une baleine. Comme le constate la spécialiste en S.I.C. (Saemmer 2011 : en ligne), cette animation, qui produit un effet de « non-maîtrise, désordre, chaos », associée à une musique angoissante et d'intensité croissante, contribue à produire une expérience de lecture suggestive et engageante, visant à agir sur le *pathos* et à susciter de l'anxiété, mais aussi de la compassion pour la jeune fille.

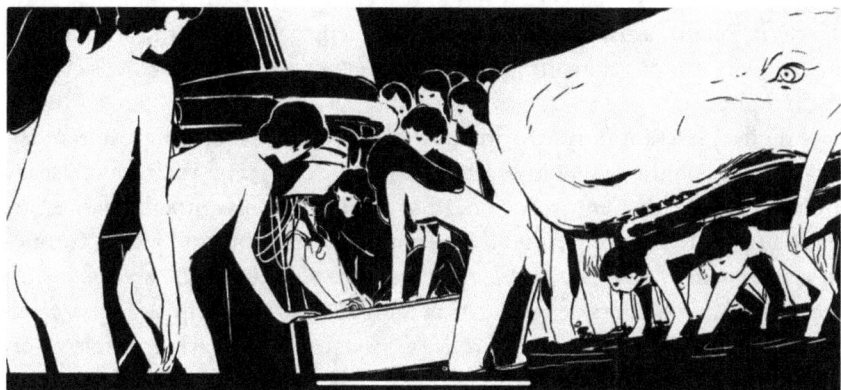

Figure 2.8. © *Phallaina*, écrit et illustré par Marietta Ren, Small Bang, 2016.

L'*ethos* éditorial projeté par Flammarion – Actialuna dans l'appli-livre *L'homme volcan* est, de façon similaire, celui d'un éditeur qui veut instaurer un dialogue avec la tradition du livre imprimé, pour la renouveler. La présence d'une page-écran intitulée « colophon », que l'on peut atteindre en cliquant sur la troisième icône en haut à droite dans chaque page-écran, est particulièrement intéressante à cet égard. Dans ce colophon numérique on trouve non seulement les informations qui sont traditionnellement présentes dans son homologue papier (dans les sections « coédition » et « MàJ »), mais aussi deux autres sections (« auteur » et « actu ») que l'on pourrait considérer comme une évolution numérique de cette forme éditoriale.

La section « coédition » propose des informations relatives à la collaboration éditoriale Flammarion – Actialuna, ainsi que d'autres données promotionnelles concernant le groupe Flammarion et l'agence de design. Dans la section « MàJ » figurent des renseignements concernant la date de publication, les remises à jour de l'appli-livre ainsi que d'autres informations techniques relatives à la publication (corrections typographiques, amélioration de la lisibilité ou de l'ambiance sonore, compatibilité avec les différents supports, etc.). Dans la section « auteur », on présente de façon détaillée les artistes ayant participé à la création de l'ouvrage, en déplaçant dans le colophon des informations qui, dans un livre imprimé, seraient données de façon plus synthétique dans la quatrième de couverture. La visée promotionnelle de ces présentations reste de toute façon inchangée : l'éditeur exploite les « images d'auteurs » (Amossy 2009 : en ligne) respectives de Mathias Malzieu et de Frédéric Perrin, ainsi que leur positionnement dans le champ littéraire et artistique, pour promouvoir son appli-livre et persuader le public de sa valeur esthétique.

En effet, le colophon informe que Malzieu est leader du groupe musical Dionysos, l'un des « plus emblématiques de la scène rock française » ; qu'il est non seulement musicien, mais qu'il mène aussi une brillante carrière littéraire. Les romans qu'il a publiés chez Flammarion y sont énumérés : *Maintenant qu'il fait tout le temps nuit sur toi* (2005) ; *La mécanique du cœur* (2007), « en cours de publication dans 22 pays », et enfin *Métamorphose en bord de ciel*, son dernier livre à l'époque, paru chez Flammarion en mars 2011. En ce qui concerne Perrin, l'illustrateur est décrit comme un artiste aux visages multiples, qui s'est tourné très jeune vers la peinture traditionnelle, mais qui a ensuite su s'ouvrir avec succès aux techniques du film d'animation et à de nouvelles techniques de peinture, y compris numérique. Les « images d'auteurs » des deux artistes, en raison du prestige et de la reconnaissance dont ils jouissent déjà, sont ainsi rassurantes pour un lecteur ou une lectrice qui souhaite découvrir des formes littéraires nouvelles. L'exploitation de celles-ci, et notamment de celle de Malzieu, dans ce colophon numérique suggère que Flammarion entend expérimenter des formats éditoriaux nouveaux, mais en inscrivant son projet dans le sillage de la tradition littéraire imprimée, par le choix de l'un de ses auteurs déjà connus et aimés de son public. Cette « image d'auteur » a donc un potentiel argumentatif et promotionnel intrinsèque, qui joue un rôle important dans la construction de la « dimension argumentative » (Amadori 2018 ; Amossy 2010) péritextuelle de cet appli-livre.

Dans la section « actu », nous découvrons que l'appli-livre a remporté le prix du Livre numérique en 2012. Ce péritexte numérique, qui remplace la traditionnelle bande de papier rouge entourant les livres imprimés pour signaler au public les éventuels prix littéraires remportés, insiste une fois de plus sur la valeur que l'« institution littéraire » (Maingueneau 2004 : 42) a reconnue à *L'homme volcan*. Dans la même section, deux « péritextes centrifuges » ont encore une fonction promotionnelle : ils permettent de sortir de l'ouvrage, de découvrir et éventuellement d'acheter le dernier album du groupe Dionysos et le dernier livre publié par Malzieu chez Flammarion. De tels péritextes, absents dans les ouvrages pour les plus petit.e.s, préfigurent un lecteur ou une lectrice adolescent.e, voire adulte, en mesure de naviguer de façon autonome sur la Toile. C'est donc en ayant à l'esprit le public ciblé que l'instance éditoriale a réalisé ce colophon numérique aux potentialités promotionnelles augmentées par rapport à son homologue papier.

Comme le colophon, la couverture (animée) et le sommaire (interactif) de *L'homme volcan* sont deux formes péritextuelles traditionnelles remodélisées pour la tablette. Les « formes-modèles pro-intensives » (Saemmer 2015 : 194) choisies par Flammarion (un texte organisé en chapitres et en paragraphes, une police de caractère avec empattements) favorisent une lecture proche de celle qui est faite sur papier, accompagnée de la musique ainsi que des « figures d'animation » caractéristiques du texte numérique narratif. La description de la chute et de la mort du petit garçon, Germain, qui deviendra l'« homme volcan » et reviendra par la suite pour rendre visite à sa sœur Lisa sous la forme d'un petit fantôme incandescent, est par exemple associée à une animation suggestive qui s'active automatiquement. En faisant glisser la page de la droite vers la gauche, on assiste à la disparition progressive du garçon dans le cratère (scène 2, p. 5). Cette figure est appelée par Sammer « sur l'erre » (Saemer 2015 : 229) et, parmi ses traits signifiants, il y a l'idée de mise en place d'une énigme et de passage à la dimension onirique (Saemmer 2011 : 28).

En effet, le récit, au début réaliste, tourne ensuite au fantastique quand le petit fantôme incandescent vient rendre visite à Lisa et lui raconte les aventures qu'il a vécues après sa mort. Il a par exemple fait la connaissance de la fée Clochette, et cette rencontre est associée encore une fois à la figure d'animation « sur l'erre » (scène 5, p. 7). Une troisième animation détermine l'apparition progressive de Germain sous un habit neuf : sa sœur a préparé de la pâte à crêpes pour lui redonner une sorte de peau et couvrir ce qui reste de ses chairs brûlées (scène 6, p. 3). Cette figure d'animation, appelée par Saemmer « trajectoire inexorable », détermine une apparition progressive de l'image et véhicule l'idée d'une métamorphose, d'une transformation qui a sa propre cohérence naturelle (Saemmer 2011 : 28). Le recours à ces figures d'animation, qui est par ailleurs assez rare dans l'ensemble de l'ouvrage (les autres illustrations étant statiques), témoigne d'une volonté éditoriale d'expérimenter des formes nouvelles, mais sans proposer une expérience de lecture qui s'éloigne de façon significative de celle que l'on fait d'un livre imprimé.

Un éditeur plus intéressé à exploiter les ressources multimodales de la tablette, et dont l'« *ethos* éditorial » est donc plus audacieux et expérimental, est L'Apprimerie. Dans ses deux réécritures numériques du *Horla* et de *Voyage au centre de la terre*, l'éditeur a choisi avec succès les « formes-modèles » à employer ainsi que les « figures de manipulation » ou « d'animation » au moyen desquelles enrichir ses ouvrages. Par ces marques spécifiques de son « énonciation éditoriale » (Souchier 2007), L'Apprimerie a voulu construire une « scénographie éditoriale » de type immersif, visant à plonger le lecteur ou la lectrice dans l'histoire racontée. La notion de « scénographie éditoriale » s'inspire de celle de « scénographie » élaborée par Maingueneau (2004 : 192-193), mais en l'ouvrant aux nouvelles pratiques éditoriales numériques. Etant donné la nécessité de prendre en compte l'existence d'une « auctorialité » éditoriale dans la production de ces livres interactifs, nous considérons que la « scénographie éditoriale » est le scénario multimodal produit par l'ensemble des « technographismes »[34] (Paveau 2017 : 304) par lesquels, au niveau péritextuel, l'éditeur enrichit ses livres interactifs. C'est donc à ce niveau que nous étudierons la façon dont l'« *ethos* éditorial » manifeste la spécificité du « geste éditorial » de L'Apprimerie.

Dans ses deux réécritures numériques du *Horla* et de *Voyage au centre de la terre*, L'Apprimerie recherche, d'une part et de façon cohérente avec son « image d'éditeur » (Amadori 2023a), une filiation avec la tradition littéraire imprimée. L'éditeur a ainsi choisi des « formes-modèles pro-intensives », c'est-à-dire préfigurant une lecture lente et concentrée, proche de celle que l'on fait sur papier (Saemmer 2015 : 129). La couverture est interactive, mais le frontispice ne l'est pas ; la couleur blanc ivoire des pages-écran rappelle celle du papier utilisé souvent pour les ouvrages littéraires imprimés. D'autre part, l'éditeur souhaite également proposer une expérience de lecture

---

[34] Dans son livre *L'analyse du discours numérique. Dictionnaire des formes et des pratiques*, Paveau explique qu'« on appellera *technographisme* une production sémiotique associant texte et image dans un composite natif d'internet » (Paveau 2017 : 304).

immersive des deux classiques littéraires, en jouant sur la typographie et sur les animations graphiques. En effet, l'analyse des deux livres enrichis révèle la présence non seulement de « formes-modèles pro-intensives », mais aussi de « formes-modèles pro-référentielles » qui pour leur part « préfigurent un lecteur prêt à s'abandonner [...] au simulacre de référent proposé » (Saemmer 2015 : 194-195).

En outre, plusieurs figures de rhétorique caractéristiques du texte numérique narratif enrichissent aussi bien *Le Horla* que *Voyage au centre de la terre*, et la fréquence des deux figures de la lecture immersive, le « kiné-gramme » et le « ciné-gramme », y est élevée. Or, le « kiné-gramme » est, comme l'explique Saemmer, le procédé qui produit une « irradiation iconique » par le biais de « l'unité sémiotique de la manipulation [qui] transforme le texte au moins partiellement en simulacre de référent » (2015 : 146). Le « ciné-gramme », quant à lui, est « fondé sur un couplage entre le potentiel d'action d'un texte et le potentiel d'action d'une unité sémiotique temporelle, dans lequel l'irradiation iconique est poussée à l'extrême de sorte que se crée un simulacre de référent » (2015 : 206). Le mot semble ainsi « se transformer au moins partiellement en 'chose' lors du processus de lecture » (2015 : 235), en reproduisant, comme le dirait Benveniste, « d'aussi près que possible l'impression 'pathétique' » (Benveniste 2011 : f° 55), c'est-à-dire sensible, véhiculée dans la version imprimée par le seul code verbal.

Dans *Voyage au centre de la terre*, dont la publication précède de deux ans celle du *Horla*, le texte verbal est véritablement mis en scène, grâce aux « kiné-grammes » et aux « ciné-grammes » qui enrichissent l'histoire. A la page 36 (fig. 2.9), par exemple, le lecteur ou la lectrice découvre un calligramme animé, qui hérite de la tradition poétique des textes d'Apollinaire, tout en la renouvelant. Le héros raconte qu'avec son oncle – le professeur Lidenbrock – et leur guide, ils sont en train de commencer leur descente dans le volcan qui les conduira au centre de la terre, par un exercice qui recommencera « ad infinitum ». En bas de page, une figure formée par des cercles concentriques, où les deux mots latins se répètent, s'active si l'on appuie sur l'écran. Dans ce « ciné-gramme », l'expression « ad infinitum » est à l'origine de la figure d'animation appelée par Saemmer « trajectoire inexorable » (2015 : 229) : les mots eux-mêmes simulent l'agrandissement progressif du cratère dans lequel tombent les personnages. A la page suivante, le texte descend d'abord progressivement, en imitant ainsi la descente des trois hommes dans le volcan ;

ensuite, si l'écran est touché, ce même texte disparaît, en s'uniformisant au noir de la paroi rocheuse grâce à la figure d'animation « sur l'erre » (Saemmer 2015 : 229). On partage ainsi avec les personnages d'abord l'expérience de la descente et ensuite celle de la plus profonde obscurité vécue dans les entrailles du volcan. La même figure d'animation « sur l'erre » est exploitée par l'éditeur à la page 41 : dans ce cas, Axel exprime sa préoccupation pour le manque d'eau qui menace leurs possibilités de survie pendant le voyage. Ce manque d'eau est reproduit de façon iconique par la disparition progressive des voyelles O, qui tombent des mots comme les dernières gouttes d'eau tomberaient d'une bouteille renversée (fig. 2.10). Ce choix éditorial – une citation iconique de *La Disparition* de Perec – produit un effet d'« irradiation iconique » qui transforme le texte en simulacre de référent, préfigurant un lecteur qui « accepte de s'immerger dans la matérialité des éléments animés et de jouir de leurs effets de présence » (Saemmer 2015 : 186).

Deux autres exemples de cet effet d'« irradiation iconique » produit par l'animation de la typographie ont retenu notre attention. A la page 69, Axel, son oncle et leur guide se trouvent désormais au centre de la terre, naviguant dans un abîme dangereux habité par des créatures monstrueuses. Une baleine s'approche d'eux et le professeur dit : « Vois l'air et l'eau qu'elle chasse par ses évents » (2012 : 69). On entend le chant de la baleine, et le texte verbal commence à s'agrandir et à se rétrécir progressivement : grâce à la figure appelée par Saemmer « obsessionnel » (Saemmer 2015 : 229), il s'iconise, reproduisant ainsi la respiration de l'animal (fig. 2.11). A la page 91, les trois personnages doivent faire exploser un rocher qui les empêche de poursuivre leur voyage. Le texte verbal a la forme d'une grosse pierre, et en bas de page il y a un bouton rouge. En appuyant sur le bouton, et en jouant ainsi avec le texte, le lecteur active un « kiné-gramme » : la bombe fait éclater le rocher-texte en morceaux, permettant de la sorte aux trois hommes de poursuivre leur voyage (fig. 2.12).

Jusqu'alors les fatigues l'avaient emporté sur les difficultés ; maintenant celles-ci allaient véritablement naître sous nos pas. Mon oncle déroula une corde de la grosseur du pouce et longue de quatre cents pieds ; il en laissa filer d'abord la moitié, puis il l'enroula autour d'un bloc de lave qui faisait saillie et rejeta l'autre moitié dans la cheminée. Chacun de nous pouvait alors descendre en réunissant dans sa main les deux moitiés de la corde qui ne pouvait se défiler ; une fois descendus de deux cents pieds, rien ne nous serait plus aisé que de la ramener en lâchant un bout et en halant sur l'autre. Puis, on recommencerait cet exercice ad infinitum.

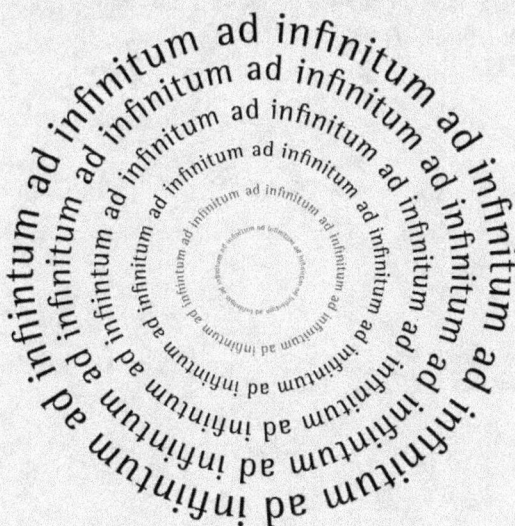

Figure 2.9. © *Voyage au centre de la terre*, L'Apprimerie, 2012.

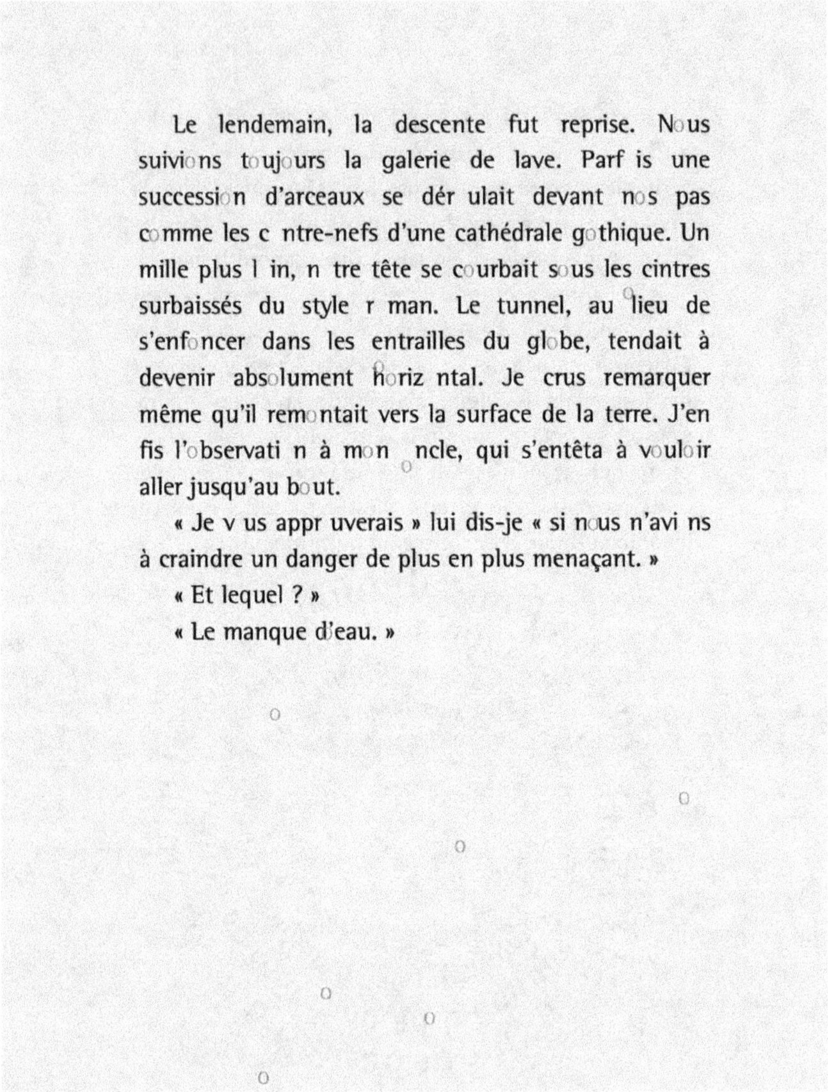

Le lendemain, la descente fut reprise. Nous suivions toujours la galerie de lave. Parfois une succession d'arceaux se déroulait devant nos pas comme les contre-nefs d'une cathédrale gothique. Un mille plus loin, notre tête se courbait sous les cintres surbaissés du style roman. Le tunnel, au lieu de s'enfoncer dans les entrailles du globe, tendait à devenir absolument horizontal. Je crus remarquer même qu'il remontait vers la surface de la terre. J'en fis l'observation à mon oncle, qui s'entêta à vouloir aller jusqu'au bout.

« Je vous approuverais » lui dis-je « si nous n'avions à craindre un danger de plus en plus menaçant. »

« Et lequel ? »

« Le manque d'eau. »

Figure 2.10. © *Voyage au centre de la terre*, L'Apprimerie, 2012.

Figure 2.11. © *Voyage au centre de la terre*, L'Apprimerie, 2012.

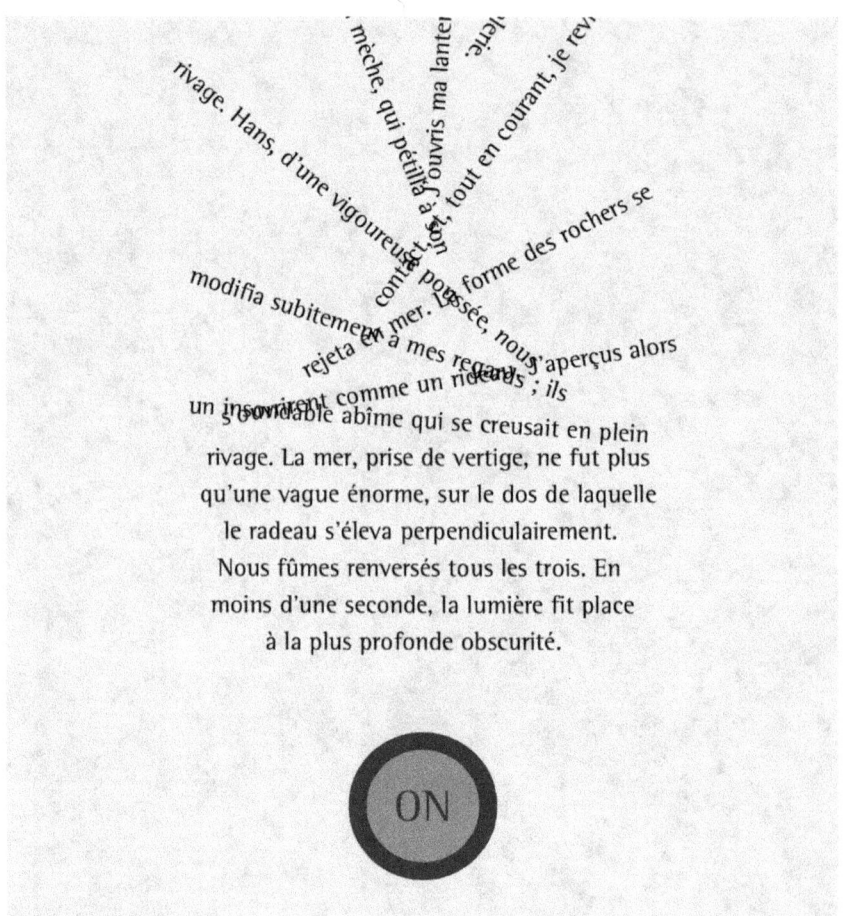

Figure 2.12. © *Voyage au centre de la terre*, L'Apprimerie, 2012.

Comme *Voyage au centre de la terre*, *Le Horla* propose une expérience de lecture à la fois immersive et ludique (Tréhondart 2018 : 683-685). Les animations graphiques et typographiques y sont encore plus audacieuses que dans la réécriture de l'ouvrage de Verne, confirmant ainsi la volonté de l'éditeur de pousser encore plus loin les expérimentations littéraires. Le choix du *Horla*, pour lequel Maupassant a employé la « scénographie » (Maingueneau 2004 : 192-193) du journal intime, a été stratégique. En effet, le héros y décrit ses crises hallucinatoires avec un grand réalisme et une précision scientifique remarquable. La volonté de l'auteur de faire éprouver à son lecteur ou à sa lectrice l'état d'angoisse vécu par le personnage se manifeste déjà dans la version imprimée, par la multiplication des points de suspension et d'exclamation, ainsi que par l'emploi d'un vocabulaire pathémique visant à éveiller l'angoisse et la crainte éprouvées par le narrateur. La réécriture numérique exploite toutes les ressources de la tablette pour intensifier ces sensations et rendre la lecture du roman immersive. Les « formes-modèles pro-intensives » sont associées à des « fomes-modèles pro-référentielles » et « pro-dépréhensives », qui préfigurent un lecteur ou une lectrice prêt.e non seulement à lire un texte qui parfois devient simulacre de référent, mais aussi à perdre prise sur l'interface (Saemmer 2015 : 194-195).

Dans son journal le narrateur confie à plusieurs reprises son angoisse de devenir fou et de perdre le contrôle de ses perceptions. De façon symétrique le texte devient parfois difficilement lisible, ou bien il se floute et tend à disparaître, se faisant ainsi le lieu d'une expérience de partage des émotions, des angoisses et de la perception troublée du réel du héros. La page 8, par exemple, débute par ces mots :

> Nous ne le pouvons sonder avec nos sens misérables, avec nos yeux qui ne savent apercevoir ni le trop petit, ni le trop grand, ni le trop près, ni le trop loin, ni les habitants d'une étoile, ni les habitants d'une goutte d'eau... avec nos oreilles qui nous trompent, car elles nous transmettent les vibrations de l'air en notes sonores.

Cette incapacité de voir est vécue aussi par le lecteur ou la lectrice : le texte verbal est en blanc sur un fond bleu très clair, et pour pouvoir avancer dans une lecture qui reste difficile, il faut faire bouger du doigt la boule colorée au-dessous des mots, ce qui les rend au moins faiblement visibles (fig. 2.13). La page 59 propose un autre exemple intéressant. Elle débute par la phrase, qui devient progressivement illisible : « Les localisations de toutes les parcelles de la pensée sont aujourd'hui prouvées. Or, quoi d'étonnant à ce que ma faculté de contrôler l'irréalité de certaines hallucinations, se trouve engourdie chez moi en ce moment ! » (fig. 2.14). L'« irradiation iconique » simule ainsi le manque de contrôle du narrateur sur son esprit. La perte de la raison produit une disparition progressive du *logos*, qui se manifeste aussi au niveau graphique. Cet effet d'iconisation actualise ainsi ce grand classique littéraire, et en intensifie la profondeur du signifiant.

Figure 2.13. © *Le Horla,* L'Apprimerie, 2014.

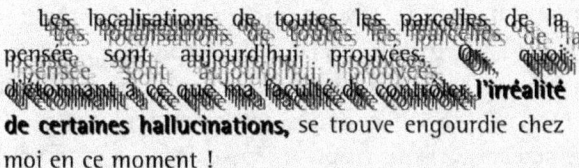les localisations de toutes les parcelles de la pensée sont aujourd'hui prouvées. Or, quoi d'étonnant à ce que ma faculté de contrôler **l'irréalité de certaines hallucinations,** se trouve engourdie chez moi en ce moment !

Je songeais à tout cela en suivant le bord de l'eau. Le soleil couvrait de clarté la rivière, faisait la terre délicieuse, emplissait mon regard d'amour pour la vie, pour les hirondelles, dont l'agilité est une joie de mes yeux, pour les herbes de la rive dont le frémissement est un bonheur de mes oreilles.

Peu à peu, cependant, un malaise inexplicable me pénétrait. Une force, me semblait-il, une force occulte m'engourdissait, m'arrêtait, m'empêchait d'aller plus loin, me rappelait en arrière.

Figure 2.14. © *Le Horla,* L'Apprimerie, 2014.

Les figures d'animation caractéristiques du texte numérique narratif sont également multipliées par les « Apprimeurs » dans ce livre interactif. A la page 12, nous avons un exemple de la figure appelée par Saemmer « stationnaire » (2015 : 229) (fig. 2.15). Des mains se superposent progressivement au texte dérangeant la lecture jusqu'à la rendre impossible, tout comme le sommeil du narrateur, dans le récit, est dérangé par la présence fantasmatique et obscure du Horla. Peu à peu les mains, ayant couvert le texte, se retirent pour réapparaître peu après : l'animation se répète de façon cyclique, en reproduisant l'effet d'insomnie prolongée dont le héros souffre. La page 26 propose en revanche un exemple de la figure « obsessionnel » (Saemmer 2015 : 229). Le texte de cette page s'agrandit et se rétrécit de façon régulière, accompagné du son du battement d'un cœur et de l'image de celui-ci qui palpite sur le fond (fig. 2.16). La figure d'animation vise à produire un sentiment d'angoisse et de peur, identique à celui éprouvé par le héros qui « découvre » la présence du Horla dans sa chambre et imagine que celui-ci a bu toute l'eau de la carafe près de son lit. A la page 28, la figure « sur l'erre », qui peut signifier au niveau iconique l'installation d'une énigme (Saemmer 2011 : 28), détermine la disparition progressive des bulles d'eau qui, en sortant de la bouteille, se perdent dans l'air (fig. 2.17). Ces bulles sont de fait des voyelles O, qui, par un jeu iconique et verbal, reproduisent le son du mot « eau » et en iconisent la transformation en vapeur. Le « ciné-gramme » augmente encore une fois l'intensité signifiante du texte de Maupassant, en suggérant également que l'eau, volée par le Horla selon la perception hallucinée du narrateur, n'a fait que s'évaporer. L'« interprétation éditoriale » (Ouvry-Vial 2007 : 73) de ce passage du texte est donc cristallisée par la figure d'animation enrichissant la narration. Le retour de la même figure « sur l'erre » pour iconiser la disparition de l'eau dans ce récit et dans *Voyage au centre de la terre* confirme que l'« *ethos* éditorial » de L'Apprimerie se manifeste de façon cohérente par une « vocalité »[35] (Maingueneau 2004 : 207) éditoriale qui réécrit et réinterprète ces classiques par des marques récurrentes et spécifiques.

---

[35] Pour Maingueneau, « tout discours écrit, même s'il la dénie, possède une vocalité spécifique qui permet de le rapporter à une source énonciative, à travers un ton qui atteste ce qui est dit » (2004 : 207).

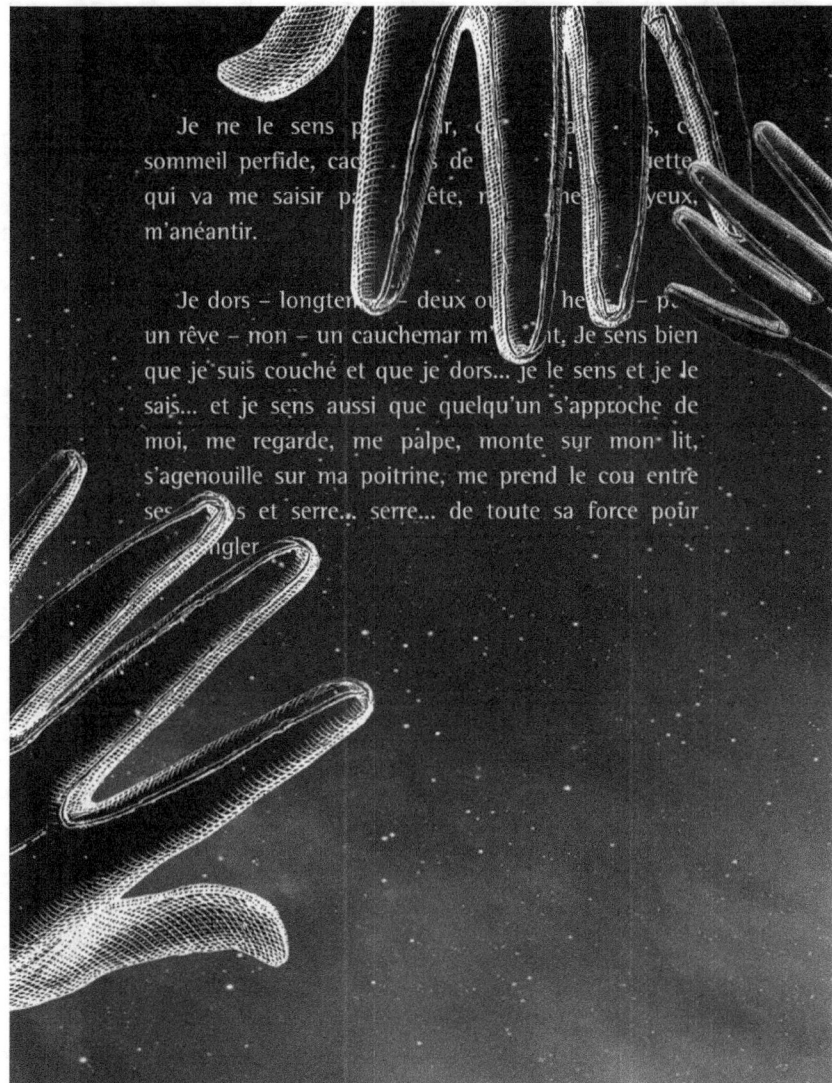

Figure 2.15. © *Le Horla,* L'Apprimerie, 2014.

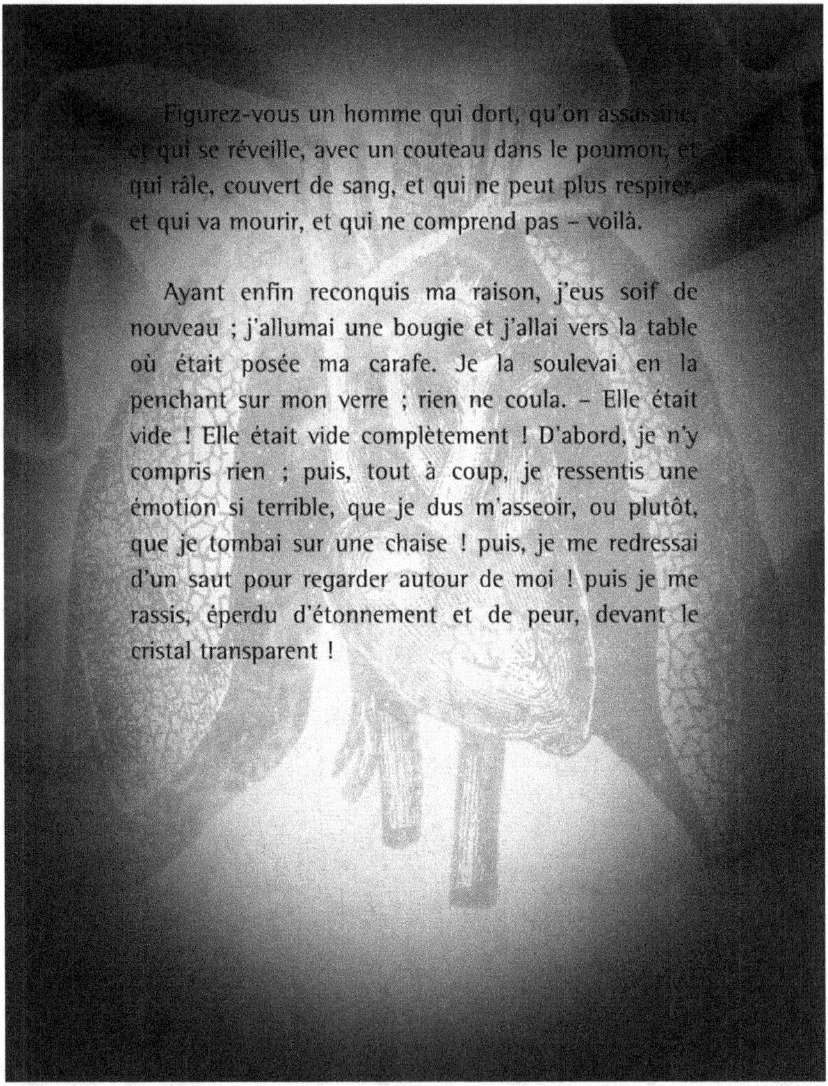

Figurez-vous un homme qui dort, qu'on assassine, et qui se réveille, avec un couteau dans le poumon, et qui râle, couvert de sang, et qui ne peut plus respirer, et qui va mourir, et qui ne comprend pas – voilà.

Ayant enfin reconquis ma raison, j'eus soif de nouveau ; j'allumai une bougie et j'allai vers la table où était posée ma carafe. Je la soulevai en la penchant sur mon verre ; rien ne coula. – Elle était vide ! Elle était vide complètement ! D'abord, je n'y compris rien ; puis, tout à coup, je ressentis une émotion si terrible, que je dus m'asseoir, ou plutôt, que je tombai sur une chaise ! puis, je me redressai d'un saut pour regarder autour de moi ! puis je me rassis, éperdu d'étonnement et de peur, devant le cristal transparent !

Figure 2.16. © *Le Horla,* L'Apprimerie, 2014.

PARATEXTES NUMÉRIQUES ET « *ETHOS* ÉDITORIAL »

Figure 2.17. © *Le Horla,* L'Apprimerie, 2014.

L'épisode de l'hypnose de Mme Sablé, cousine du héros, est un autre moment très intéressant du point de vue rhétorique par son association à deux « cinégrammes » qui produisent un effet d'« irradiation iconique » particulièrement efficace. Quand le docteur Parent hypnotise la femme à la page 39, le texte est accompagné de la figure d'animation « en suspension » : deux cercles concentriques tournent sur le fond de la page-écran dans deux directions opposées de façon lente et régulière (fig. 2.18), produisant de la sorte un effet signifiant d'« équilibre instable, pouvant se rompre à tout moment » (Saemmer 2011 : 28). Les cercles sont formés par des miroirs qui s'alternent et se superposent à des visages d'hommes et de femmes. La tentative de produire une identification (que ces miroirs symbolisent) du public avec l'expérience vécue par la femme hypnotisée est évidente, l'œil du lecteur ou de la lectrice étant soumis pour sa part à un mouvement de type circulatoire et incantatoire. La figure « stationnaire » (Saemmer 2015 : 229) est en revanche associée au moment où le médecin fait sortir la femme de l'hypnose (p. 49) : une amulette bouge régulièrement, comme un pendule, en effaçant progressivement le texte, tout comme le docteur efface de l'esprit de Mme Sablé les souvenirs de ce qu'elle a fait pendant l'hypnose. La figure d'animation « en suspension » revient vers la fin du récit à la page 81, et elle crée un autre effet signifiant suggestif. Sur le fond de la page-écran il y a un œil qui, par un mouvement circulatoire lent autour d'un axe fixe, tourne lentement de la gauche vers la droite, en fixant le lecteur/la lectrice (fig. 2.19). L'animation produit un sentiment d'inquiétante immuabilité (Saemmer 2011 : 28), intensifiée par la musique de fond, visant à rendre partageable la présence obsessionnelle du Horla vécue par le narrateur. L'« interprétation éditoriale » que l'animation cristallise suggère ainsi que l'œil, et métonymiquement la vue, est à l'origine de la perception troublée du héros : il est donc responsable de la création morbide de cet être invisible qui, s'introduisant dans l'esprit du narrateur, finit par lui faire perdre la raison et l'induire au suicide.

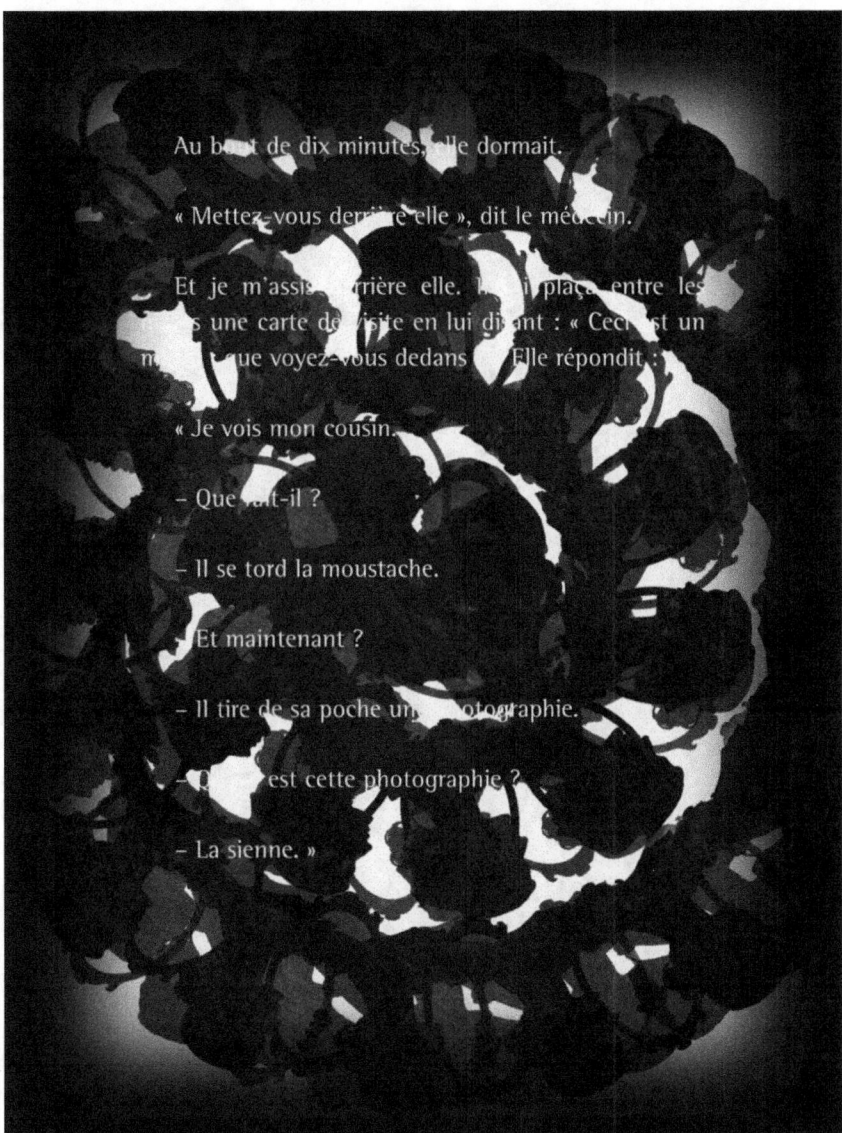

Figure 2.18. © *Le Horla*, L'Apprimerie, 2014.

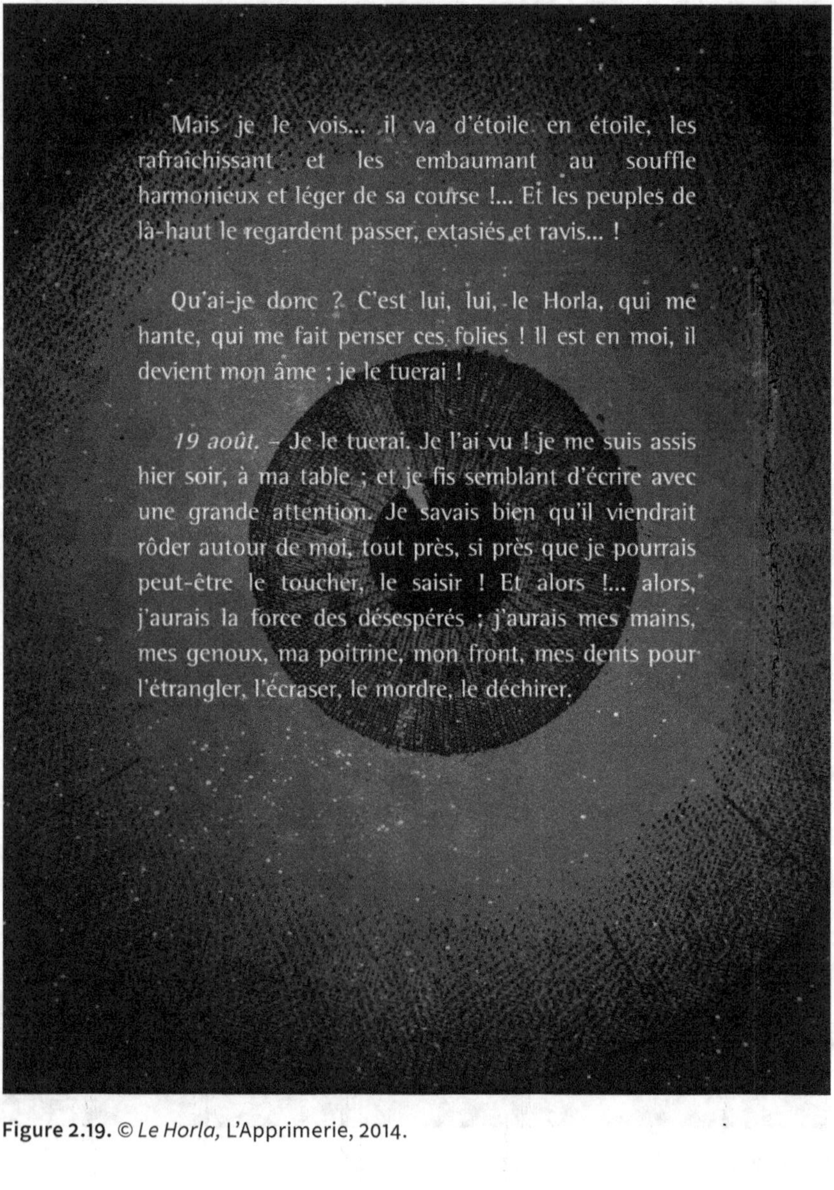

Mais je le vois... il va d'étoile en étoile, les rafraîchissant et les embaumant au souffle harmonieux et léger de sa course !... Et les peuples de là-haut le regardent passer, extasiés et ravis... !

Qu'ai-je donc ? C'est lui, lui, le Horla, qui me hante, qui me fait penser ces folies ! Il est en moi, il devient mon âme ; je le tuerai !

19 août. – Je le tuerai. Je l'ai vu ! je me suis assis hier soir, à ma table ; et je fis semblant d'écrire avec une grande attention. Je savais bien qu'il viendrait rôder autour de moi, tout près, si près que je pourrais peut-être le toucher, le saisir ! Et alors !... alors, j'aurais la force des désespérés ; j'aurais mes mains, mes genoux, ma poitrine, mon front, mes dents pour l'étrangler, l'écraser, le mordre, le déchirer.

Figure 2.19. © *Le Horla*, L'Apprimerie, 2014.

Cette perception troublée du héros est spécialement mise en scène par L'Apprimerie dans deux images accompagnant le texte écrit, à la p. 61 (fig. 2.20) et à la p. 86 (fig. 2.21). Les deux taches de couleur évoquent deux planches du test de Rorschach (il y en a dix au total dans le livre interactif, et leur nombre correspond à celui des planches du test susmentionné). Or, les planches inventées par ce psychanalyste présentent dix taches de couleur qui sont proposées à la libre interprétation du patient. Les réponses fournies servent au spécialiste pour évaluer la personnalité du sujet. Les fig. 2.20 et 2.21 rappellent respectivement la première et la quatrième planche de ce test. En observant attentivement, le lecteur ou la lectrice se rendra compte qu'à l'intérieur de la tache de la fig. 2.20 il est possible d'apercevoir l'œil de la fig. 2.19, et dans celle de la fig. 2.21 l'image d'une tête de mort. La dimension iconique, qui suggère encore une fois que la perception du réel du narrateur est perturbée et le voue à une mort inexorable, est donc une autre forme par laquelle l'« interprétation éditoriale » de L'Apprimerie se manifeste au niveau péritextuel.

La réécriture numérique du *Horla* montre bien que le dispositif numérique porte à sa maturité le projet littéraire de Maupassant, qui n'a exploité que le code verbal pour partager avec son public les hallucinations dont il souffrait. Ce livre interactif, comme *Voyage au centre de la terre*, propose une expérience de lecture engageante grâce à sa « signifiance multimodale » : celle-ci est la forme plurisémiotique d'engendrement du sens qui résulte du « geste éditorial » de L'Apprimerie et qui ressort de la résonance créée entre code verbal et iconique ainsi que de l'ensemble des figures enrichissant ces textes numériques. La « scénographie éditoriale » immersive choisie pour ces deux ouvrages en augmente ainsi le potentiel signifiant, proposant une expérience de lecture du texte littéraire inédite. La même expérience de lecture immersive est par ailleurs recherchée, quoique de façon partiellement différente et en général moins poussée, par tous les éditeurs de ce deuxième groupe d'ouvrages analysés.

8 août. – J'ai passé hier une affreuse soirée. Il ne se manifeste plus, mais je le sens près de moi, m'épiant, me regardant, me pénétrant, me dominant et plus redoutable, en se cachant ainsi, que s'il signalait par des phénomènes surnaturels sa présence invisible et constante.

Figure 2.20. © *Le Horla,* L'Apprimerie, 2014.

Figure 2.21. © *Le Horla,* L'Apprimerie, 2014.

L'examen de l'« *ethos* éditorial » projeté par les éditeurs et les éditrices de notre corpus a révélé la spécificité discursive plurisémiotique des appli-livres et des livres enrichis pris en considération. Or, cette spécificité pose problème lors de la traduction, puisque les traducteurs et les traductrices ont rarement la possibilité de « paratraduire » (Frías 2010) les images ou d'adapter les animations. Pendant notre entretien, Prêtre (2020) a confirmé que la traduction est une opération autonome, qui vient après la conception et la création de l'ouvrage numérique, et qui vise notamment à lui permettre d'atteindre un public plus vaste. La traduction s'inscrit donc dans le « geste éditorial » de ces éditeurs.trices, soumis à de fortes tensions de nature économique, surtout comme une ressource financière. A côté des aspects économiques, le besoin d'une reconnaissance dans le champ littéraire reste primordial (Zheng Ba 2018 : 225), et de ce point de vue les paratextes numériques jouent un rôle stratégique, comme notre analyse qualitative de ceux-ci vient de le montrer. Dans les deux chapitres suivants, nous verrons quelles sont les retombées de ces politiques éditoriales sur la pratique traduisante ainsi que sur la qualité de la traduction des appli-livres et des livres enrichis de notre corpus.

Le défi de traduire un texte plurisémiotique

3.1. La traduction de la littérature numérique : un domaine de recherche encore faiblement exploré

La notion de multimodalité a été largement étudiée (voir par exemple Heiss 1996 ; Kress et Van Leeuwen 2006, 2001) ; de façon similaire, la réflexion consacrée aux défis posés par sa traduction a attiré l'attention de nombreux chercheurs et de nombreuses chercheuses (Bollettieri Bosinelli *et al.* 2000 ; Gauthier 2013 ; O'Sullivan et Jeffcote 2013 ; Zanettin 2000, 1999)[36]. Les

---

[36] Ulrych propose une définition intéressante et complète de traduction multimedia : « Broad and narrow definitions, or maximalist and minimalist interpretations, of MTS [multimedia translation studies] are to be found existing side-by-side. The maximalist view is that the term 'multimedia' covers any way of conveying meaning that involves more than one semiotic system, from translating the theatre to translating an illustrated user's manual (Lambert and Dembski 1998). This interpretation also includes the use of multimedia techniques as a research tool in accessing and integrating texts (e.g. hypertexts, computer-based corpora studies, and so on). The minimalist view holds that multimedia translation only refers to the conversion of electronic material from one language to another, which essentially means the localization of software packages or Web sites. Recent developments in translation studies seem to favour the broader interpretation of MTS (Heiss and Bosinelli 1996) while at the same time stating the need for a unifying methodological framework » (Ulrych 2000 : 410-411).

problèmes liés à la traduction de la littérature numérique ont, quant à eux, longtemps été ignorés, et ils continuent partiellement à l'être aujourd'hui. Comme le confirme Misiou, « little attention has been paid to the challenges facing translators when they handle multimodal literary works and how the translation process is influenced by the relationship of and interplay between the various modes that interact in the production of textual meaning » (2020 : 244). Selon Nadiani, qui avait déjà signalé l'absence d'études traductologiques consacrées à la littérature numérique bien avant Misiou (Nadiani 2007, 2003), ce vide épistémologique est dû non seulement au fait que cette littérature reste une forme d'art expérimental et inconnu du grand public, mais aussi à la spécificité du marché de ce segment de l'édition numérique. Comme ce spécialiste de la traduction le souligne, les traductologues, « face à la masse existante d'études détaillées sur les différents aspects de la traduction multimédia, ne semblent pas encore s'être aperçus de la littérature numérique » (2007 : 140)[37].

Plusieurs études consacrées à la question de la traduction de la littérature numérique ont néanmoins été publiées (voir par exemple Bouchardon et Meza 2021 ; Boutault et Guilet 2014 ; Carpenter 2014 ; Cayley 2015 ; Di Rosario 2012 ; Marecki et Małecka 2016; Marecki et Montfort 2017 ; Pisarski et Górska Olesińska 2013 ; Regnauld et Vanderhaeghe 2018 ; Tremblay-Gaudette 2021). Il s'agit pour autant de contributions qui, en dépit de leur intérêt traductologique, présentent des expériences de traduction sans les inscrire dans une plus vaste réflexion théorique de nature spécifiquement traductologique. De ce point de vue, le livre de Nadiani, *TAGS. Translation of artificially generated stories. Letteratura digitale – Traduzione – Teoria della traduzione* (2007), fait figure d'exception et reste un point de repère incontournable pour toute nouvelle réflexion consacrée à la traduction de la littérature numérique. Ce spécialiste, qui élabore son cadre théorique à partir d'une expérience de traduction vers l'italien d'un ouvrage de littérature générative pour adultes, ne s'est pourtant pas penché sur les problèmes spécifiques posés par la traduction de la littérature numérique d'enfance. De ce point de vue, le présent ouvrage se propose de reprendre et de mettre à jour la réflexion de ce traductologue, tout en l'ouvrant à l'espace spécifique d'une littérature dont le public est un véritable « dilemme » pour le traducteur ou la traductrice (Pederzoli 2012).

---

[37] « a fronte della mole esistente di studi dettagliati sui vari aspetti della traduzione multimediale, proprio non sembrano essersi ancora accorti d[ella letteratura digitale] ».

En lisant l'ensemble des études susmentionnées, il est aisé de se rendre compte d'abord de la difficulté de définir la traduction de la littérature numérique, ensuite de l'ampleur des tâches que cette activité implique, qu'il s'agisse de traduire un ouvrage littéraire pour adultes ou pour enfants. D'une part, il est sûrement utile de penser ce type de traduction dans le cadre théorique de la traduction multimédia, afin d'en définir la spécificité par rapport par exemple à d'autres pratiques telles que la localisation ou le sous-titrage. Il est d'autre part évident que la traduction d'un texte littéraire numérique pose des problèmes communs à la traduction de tout texte littéraire, outre les défis que le traducteur ou la traductrice d'un ouvrage littéraire imprimé ne rencontre pas. Bref, la multimodalité de l'ouvrage littéraire numérique exige l'élaboration d'un cadre théorique et méthodologique nouveau à l'intérieur duquel décrire et à étudier ce type de traduction.

Nous nous proposons par conséquent d'élaborer de nouvelles catégories théoriques, d'abord pour définir la modalité spécifique de signifier de nouveaux produits littéraires numériques tels que l'appli-livre et le livre enrichi, ce que la première partie de ce chapitre se propose de faire (cf. § 3.2). Dans un deuxième temps (cf. § 3.3 et 3.4), nous réfléchirons à des notions permettant de mieux penser, décrire et pratiquer la traduction littéraire numérique de ces ouvrages, en puisant dans le domaine de l'analyse du discours numérique, des S.I.C et de la traductologie, tout en essayant d'ouvrir certaines notions aux nouveaux défis traductifs posés par le mariage fécond entre le numérique et la littérature. Nous entendons par exemple reprendre et partiellement renouveler des concepts essentiels tels que celui de traduction de la « lettre » élaboré par Berman (1999, 1995) et du « rythme » (Meschonnic 1999 ; Meschonnic et Dessons 1998).

Un tel renouveau est à nos yeux nécessaire et urgent, la traduction littéraire numérique étant un phénomène complexe, stratifié, à définir à plusieurs niveaux. En effet, selon Portela, Mencia et Pold[38], il faut étudier la traduction littéraire numérique en pensant le mot « traduction » selon quatre perspectives différentes et interdépendantes, tenant compte à la fois du texte écrit en surface et de la manière dont il est traité et contrôlé par les couches de

---

[38] Ces spécialistes travaillent à un projet intitulé « Translating Electronic Literature » regroupant l'Université de Brown (USA), l'Université de Paris 8 (France), l'Université de Coimbra (Portugal), l'Université d'Aarhus (Danemark), et l'Université de Kingston (Royaume-Uni).

l'interface et du logiciel (2018 : en ligne). Ainsi, la traduction littéraire numérique prend d'abord la forme de la *traduction interlinguistique*, à savoir de la transformation d'un texte de départ en un ou plusieurs textes en langue cible. Deuxièmement, la traduction est une forme de *transcodage*, dans la mesure où elle produit le passage d'un code lisible par une machine à un texte lisible par l'être humain, ainsi que le passage entre les codes de différents langages et systèmes de programmation. De ce point de vue, la traduction de l'ouvrage de littérature numérique *Déprise* de Bouchardon (2010 pour la version Flash, 2018 pour la version HTML/JS) nous offre un exemple pertinent : d'abord publié en libre accès en ligne et disponible en plusieurs langues[39], l'ouvrage a par la suite migré en version applicative et a été disponible pour le téléchargement sur l'App Store et Google Play pendant une certaine période. Ces versions applicatives, qui, désormais, ne sont plus téléchargeables, ont à l'époque de leur création exigé une opération de *traduction-transcodage* (Bouchardon et Meza 2021 : en ligne ; voir aussi à ce propos Regnauld et Vanderhaeghe 2014 : en ligne). Troisièmement, la traduction d'un texte littéraire numérique est aussi une opération *transmédiale* dans la mesure où le texte à traduire produit une synergie entre différentes modalités médiales et sémiotiques, ainsi qu'une association du code verbal aux codes acoustique et/ou iconique que la traduction ne peut pas négliger. En effet, le traducteur ou la traductrice doit tenir compte de cette multimodalité, et devra donc être conscient.e qu'il lui faudra travailler sur les différents codes coprésents à l'intérieur de l'ouvrage. Si par exemple le texte verbal est associé à un extrait audiovisuel il faudra traduire aussi bien le texte écrit que la trace sonore de l'histoire. Enfin, la traduction d'un texte littéraire numérique est une opération *transcréative*, à savoir un processus de composition créatif qui exploite une rhétorique caractéristique du texte littéraire numérique, donnant aux ouvrages leur valeur esthétique particulière (Portela, Mencia et Pold 2018 : en ligne). Les traducteurs et les traductrices ont alors la tâche de traduire en préservant la cohérence des « figures d'animation » (Saemmer 2014) et « de manipulation » (Bouchardon 2014) qui font la richesse littéraire des ouvrages. De ce point de vue, le travail de traduction consiste à « créer une harmonie entre l'interaction, la manipulation et les textes linguistiques dans différentes langues qui

---

[39] L'ouvrage est à présent consultable à l'adresse suivante : https://www.utc.fr/~bouchard/works/deprise.html.

construisent la même image. Le but n'est pas seulement de saisir le sens des éléments d'expression esthétique, mais de rechercher des motifs littéraires » (Bouchardon et Meza 2021 : en ligne). Cette dimension esthétique propre à l'ouvrage littéraire numérique est sûrement l'un de ses traits définitoires, et elle exige d'en repenser la pratique traduisante indépendamment d'autres formes de traduction multimédia ayant une visée éminemment pragmatique telle que la localisation.

3.2. L'appli-livre et le livre enrichi : un nouveau « technogenre » de discours

Réfléchissant à la naissance de la littérature numérique sur le web, Eco parle d'un nouveau genre littéraire, pour la définition duquel le caractère imprévisible de l'expérience esthétique, et le rôle actif du lecteur ou de la lectrice sont centraux :

> les théoriciens de la mort de l'auteur disent aussi qu'une histoire placée sur un disque hypertexte ou en ligne permet au lecteur de changer aussi la fin de l'histoire ou de soumettre le personnage à de nouvelles expériences, voire de permettre à différents lecteurs, comme dans un concours, d'intervenir pour montrer qui peut développer l'histoire la plus intéressante [...]. Ce que je voudrais souligner, c'est que, ce faisant, on n'a pas remplacé la littérature telle que nous la connaissons depuis quelques milliers d'années, mais on a simplement inventé un nouveau genre littéraire, qui est l'équivalent de ce qu'est en musique la jam session du jazz (Eco, 1998 : 47)[40].

En effet, l'hybridité sémiotique caractérisant les ouvrages littéraires numériques, et notamment les appli-livres et les livres enrichis qui prolongent l'héritage des récits littéraires interactifs nés sur le Web (Bouchardon 2014 : 122-147), modifie nos habitudes de lecture en actualisant des expériences littéraires immersives de type nouveau (Saemmer 2015 : 102), grâce à l'action

---

[40] « i teorici della scomparsa dell'autore dicono anche che una storia messa su dischetto ipertestuale o in linea permette al lettore anche di cambiare il finale o di sottoporre il personaggio a nuove esperienze o addirittura permette a lettori diversi, come in una gara, di intervenire per mostrare chi sa sviluppare la storia più interessante [...]. Quello che vorrei far notare è che, così facendo, non si è sostituita la letteratura quale la conosciamo da alcune migliaia di anni, ma si è semplicemente inventato un nuovo genere letterario, che equivale a quello che nella musica è la jam session del jazz ».

synergique de mots, images, sons, musiques et animations, ainsi qu'au potentiel interactif du texte. Selon Paveau, la lecture d'un livre numérique est une « écrilecture », à savoir une « coconstruction du sens par l'usager dans un geste double de lecture et d'écriture » (2017 : 214). La manipulation de l'écran participe par ailleurs activement à la construction de la progression de l'histoire, comme Bouchardon le rappelle :

> [l]a textualité numérique n'est *pas figée* : elle est d'une certaine manière immanente à l'acte de lecture […]. Pour la grande majorité des textes imprimés, si la lecture est par nature une performance, le lecteur ne fait pas de lien entre les gestes qu'il effectue et le contenu qu'il lit. Les gestes du lecteur d'un livre ne font pas partie de son *noème* de la lecture. En revanche, dans le cas des textes numériques qui proposent une forme d'interactivité, la lecture est fortement construite par le geste. Le mode de lecture intègre d'emblée la dimension gestuelle sur le support (2014 : 162-163).

Partant de cette réflexion, Bouchardon élabore une « rhétorique de la manipulation », en analysant l'ensemble des figures de rhétorique liées aux différentes formes de manipulation du texte numérique, qui participent à la construction de son sens (2014 : 164). Les différents types de mouvement associés aux images et au texte contribuent aussi à créer une sémiose caractéristique de la textualité numérique. Selon Saemmer, ces « figures d'animation » cristallisent « une relation – entre des textes ou images et un mouvement – dans laquelle la sémiose est basée sur des processus d'intersection de traits signifiants associés au mouvement, au texte/à l'image, et aux contextes » (Saemmer 2011 : en ligne). La « rhétorique du texte numérique » élaborée par Saemmer vise plus précisément à « circonscrire les conditions d'émergence de ces 'synesthésies' dans le texte numérique » et à « théoriser la part sensible du sens dans le texte numérique à travers la notion d'"iconicité" » (2015 : 45). Tout en étant consciente qu'un mot n'est pas une icône, la spécialiste en S.I.C insiste sur le fait que les éléments signifiants du texte numérique peuvent être perçus sur le mode iconique, et captiver ainsi le lecteur ou la lectrice pour l'immerger plus profondément dans l'histoire racontée :

> La police de caractère et la couleur d'un texte peuvent […] être perçues sur le mode iconique. Comme la couleur et la forme des lettres, certains mouvements et enchaînements de gestes semblent marqués par leur caractère iconique, qui fait autrement appel aux sens du lecteur que le texte lisible. Ce potentiel d'action […] « référentiel » (à cause du renvoi vers un référent d'expérience), s'actualise aussi en couplage rhétorique avec le mot (Saemmer 2015 : 46).

Or, cette façon nouvelle de construire le sens confirme qu'« avec le web, c'est [...] tout le dispositif traditionnel qui vacille » (Maingueneau 2013b : 91). La présence de ces figures dans les appli-livres et les livres enrichis, qui produisent une réception plurisensorielle faisant appel non seulement à la vue, mais aussi à l'ouïe et au toucher, confirme qu'il est désormais inévitable de dépasser une conception dualiste et traditionnelle du signe, afin d'étudier la nature plurisémiotique des ouvrages littéraires numériques. Dans ses *Dernières leçons au Collège de France, 1968-1969*, Benveniste insiste sur la nécessité de commencer à concevoir le langage comme un système sémiotique parmi d'autres (2012 : 91-92). En effet, selon lui Saussure

> confond l'écriture avec l'alphabet et la langue avec une langue moderne. Or, les rapports entre une langue moderne et l'écriture sont spécifiques, non universels. [...] c'est une distinction que j'introduis et qui est indispensable. Car seule elle permet de raisonner sur l'écriture comme système sémiotique, ce que Saussure ne fait pas (Benveniste 2012 : 92).

Pour Paveau aussi, proche de la réflexion de Benveniste sur ce point, la conception dualiste et logocentrique du signe saussurien est à dépasser (2017 : 65) : elle doit être revue dans le cadre d'une approche écologique, qui ne sépare pas les dimensions linguistique et extralinguistique. Une telle approche est nécessaire pour étudier l'environnement dans lequel sont produits des discours numériques comme ceux faisant l'objet de cette étude, qui ont une nature composite, résultat d'un ensemble de facteurs de nature technologique, culturelle, sociale, éthique et politique (Paveau 2017 : 129). C'est dans ce cadre théorique que Paveau élabore sa notion de « technogenre », à savoir

> un genre de discours doté d'une dimension composite, issue d'une coconstitution du langagier et du technologique. Le technogenre peut relever d'un genre appartenant au répertoire prénumérique, mais que les environnements numériques natifs dotent de caractéristiques spécifiques [...], ou constituer un genre numérique natif et donc nouveau [...]. Le technogenre de discours est donc marqué par ou issu de la dimension technologique du discours, ce qui implique un fonctionnement et des propriétés particuliers (Paveau 2017 : 300).

Une expérience nouvelle de lecture du texte littéraire est donc rendue possible par les livres enrichis et les appli-livres, parce qu'ils relèvent d'un nouveau « technogenre » discursif. En effet, ces produits multimodaux possèdent les caractéristiques définitoires des nouveaux « technogenres » natifs du Web selon la définition de Paveau : ils sont « composites », c'est-à-dire plurisémiotiques et résultant de l'association de matériaux linguistiques et non verbaux (ils mélangent dans la même sémiose du texte, de l'image fixe ou animée, du son) ; « délinéarisés », puisqu'ils permettent une lecture tabulaire ou hypertextuelle[41] ; « augmentés », car leur production nécessite la collaboration de divers acteurs. Ils sont également « relationnels », car ils créent un type de relation spécifique entre le dispositif et l'être humain ; « imprévisibles », car ils sont produits par des logiciels et des algorithmes, et non par des individus. Ils sont enfin « investigables » : ils peuvent être cités, stockés et étudiés par les chercheurs et les chercheuses (2017 : 28-29).

Les appli-livres et les livres enrichis peuvent ainsi être définis comme des systèmes plurisémiotiques cohérents de « technographismes »[42] (Paveau 2017 : 304) produisant un texte multimodal dans lequel les signes « s'iconisent » et se « conversationnalisent ». En effet, en raison de la proximité et de la prédominance des images, le texte numérique tend lui-même à être perçu comme une image (Nachtergael 2017 : 292-293), et donc à être « iconisé ». Son icono-texte est également « conversationnalisé », car ces produits numériques sont souvent lus à voix haute (dans une ou plusieurs langues), et accompagnés de musique et de sons. Dans ce contexte, le signe linguistique doit nécessairement être envisagé comme une icône, au sens de Benveniste :

> un « signe iconique » [...] associerait la pensée à une matérialisation graphique, *parallèlement* au « signe linguistique » associant la pensée à sa verbalisation idiomatique. La représentation iconique se développerait parallèlement à la représentation

---

[41] Selon Paveau (2017 : 120), un cas extrême de délinéarisation, caractéristique de la littérature numérique, est le « simulacre de référent » (Saemmer 2015 : 32), dont nous avons vu quelques exemples au chapitre précédent.

[42] Voici la définition du terme proposée par Paveau : « On appellera *technographisme* une production sémiotique associant texte et image dans un composite natif d'internet. L'élément-*graphisme*, conformément à son étymologie (le verbe grec *graphein*, signifiant 'tracer' et 'écrire') signifie ici à la fois le geste de tracer, renvoyant au dessin ou à l'image et celui d'écrire, renvoyant au texte. [...] [L]es deux ordres sémiotiques du texte et de l'image n'en font plus qu'un, étant simultanés, indistinctibles et indissociables » (Paveau 2017 : 304). La spécialiste ajoute aussi plus loin que « dans le technographisme, les dimensions iconique et textuelle ne sont pas isolables et n'ont pas de fonctionnement autonome ; l'ordre du texte et l'ordre de l'image fusionnent, l'image prenant cependant le pas sur le texte en vertu du tournant iconique *(pictorial turn)* qui semble se réaliser actuellement sur internet comme dans les espaces de publication hors ligne » (p. 338).

linguistique et non en subordination à la forme linguistique. Cette iconisation de la pensée supposerait probablement une relation d'une autre espèce entre la pensée et l'icône qu'entre la pensée et la parole, une relation moins littérale, plus globale (Benveniste 2012 : 95).

3.3. La traduction littéraire numérique : un tournant technologique et sémiotique nécessaire

Le concept de langage « iconisé » de Benveniste est un bon point de départ pour étudier la façon spécifique dont les textes numériques signifient (Kristeva 2012 : 24), et peut se révéler utile dans le but de définir ce que traduire un appli-livre ou un livre enrichi signifie. Après le *cultural turn* en traductologie (Bassnett 1991 ; Snell-Hornby 1988), ces nouveaux produits numériques montrent l'urgence d'un autre tournant, d'une part technologique (Nadiani 2007 : 122) et, d'autre part, sémiotique (Gorlée 2004). En effet, le traducteur ou la traductrice d'un appli-livre ou d'un livre enrichi ne peut qu'être conscient.e de la nécessité d'adopter une approche écologique, ayant à traduire non seulement un message verbal, mais aussi le résultat d'une énonciation numérique, modelée de façon spécifique par une « technologie discursive »[43] (Paveau 2017 : 335). Cette notion de « technologie discursive » est proche de celle de « technologème » élaborée par Nadiani. Selon ce traductologue,

> un ouvrage de littérature numérique est [...] indissolublement dépendant de l'*ensemble des outils* qui la rend possible au niveau de la production, de sa représentation performative, de sa distribution et de sa réception – à partir de maintenant, nous appellerons généralement cet ensemble de facteurs dans leur totalité *technologème*, en réservant le terme [...] *retrotexte* pour chaque mise en œuvre individuelle et spécifique (Nadiani 2007 : 29)[44].

---

[43] Comme l'explique l'analyste, « [o]n appellera technologie discursive l'ensemble des processus de mise en discours de la langue dans un environnement numérique, reposant sur des dispositifs de production langagière constitués d'outils informatiques en ligne ou hors ligne (programmes logiciels, API, CMS) et proposés dans des appareils (ordinateur, téléphone, tablette) » (Paveau 2017 : 335).

[44] « un'opera LD [di Letteratura Digitale] risulta [...] dipendente in modo indissolubile dalla *strumentazione* che la rende possibile a livello di produzione, di rappresentazione performativa, di distribuzione e di fruizione – da ora in poi chiameremo, in generale, questo insieme di fattori nella loro totalità *tecnologema*, riservando il termine [...] di *retrotesto* a ogni singola e specifica attuazione ».

Comme Nadiani l'explique, la spécificité d'un ouvrage de littérature numérique est de signifier à deux niveaux : à un niveau technologique et profond, lié à ce qu'il appelle le « retrotexte », et à un niveau plus superficiel et performatif, où le texte est reçu et activement modifié par l'« écrilecteur » (Paveau 2017) pendant ses explorations textuelles. Voici la définition de « retrotexte » proposée par ce spécialiste, qui met au point grâce à cette notion ce qui représente pour lui la spécificité de la textualité numérique :

> Bref, le programme en mesure de générer un ouvrage donné dans sa variante *scripturale* réelle de programmation et l'*ensemble des outils* capable de *l'interpréter* en le rendant lisible à l'écran pour un utilisateur peuvent être considérés comme le *retrotexte* de cette représentation performative spécifique. Ce *retrotexte*, qui détermine, pour ainsi dire, *génétiquement* tous les éléments constitutifs de la représentation performative (le texte multimodal de *surface*), ainsi que les voies possibles de réception offertes à l'utilisateur (potentiellement infinies et spécifiques, mais en cela toujours préétablies par des *informations* très précises formulées par l'Auteur), fait partie intégrante de l'Œuvre. Il en est la condition *sine qua non* et en représente [...] la *substance créatrice* (2007 : 28)[45].

Ainsi, dans l'écriture d'un ouvrage littéraire numérique deux poétiques interagissent : une « poétique du code » qui est liée à la dimension du « retrotexte », et une « poétique de surface », qui en résulte et qui donne à l'ouvrage sa forme littéraire plurisémiotique caractéristique. Nadiani propose une définition de texte littéraire numérique qui tient compte de l'interaction de ces deux poétiques et qui est essentielle aussi pour penser la spécificité de la traduction littéraire numérique. En effet, le texte littéraire numérique est à ses yeux « un *texte multistrate qui associe au retrotexte correspondant, et notamment sur le plan fonctionnel et sémiotique, une textualité multimodale de surface (niveau représentationnel-performatif), intégrant dans ses principes organisationnels des*

---

[45] « In sostanza, il programma in grado di generare quella data opera in quella sua effettiva variante *scripturale* di programmazione e la relativa *strumentazione* in grado di *interpretarlo* rendendolo fruibile a un utente sullo schermo possono essere considerati il *retrotesto* di quella specifica rappresentazione performativa. Esso *retrotesto*, determinando, per così dire, *geneticamente* tutti gli elementi costitutivi della rappresentazione performativa (il testo multimodale di *superficie*), nonché i relativi percorsi di fruizione dell'utente (potenzialmente infiniti e singolari, ma in ciò sempre prestabiliti da ben precise *informazioni* nel senso dato implementate dall'Autore), è in tutti i sensi parte integrante dell'Opera, essendone la *conditio sine qua non* e rappresentando [...] la *sostanza creativa attinente* all'*Opera* ».

sélections de différentes ressources sémiotiques selon une conception graphique donnée » (2007 : 30)[46].

Or, le « retrotexte » présuppose l'existence de ce que Nadiani appelle un « Autore plurale » : cette expression indique l'interrelation entre plusieurs acteurs et actrices ayant des compétences diversifiées, qui se manifeste à plusieurs niveaux et à différents moments, et qui a des retombées inévitables aussi lors de la traduction (2007 : 22 ; voir aussi, à ce sujet, Paveau 2017 : 148). En effet, dans la création d'un ouvrage littéraire numérique, des acteurs.trices agissent, au niveau du code informatique, en réalisant une première *traduction-trascodage*. Celle-ci vise à actualiser les exigences esthétiques de l'auteur.trice ou des auteurs.trices de l'ouvrage qui, au niveau de surface, recherchent un faire-œuvre se manifestant, à travers une sémiose complexe, par les codes linguistique, visuel et sonore. Si tout ouvrage de littérature numérique a un « auteur pluriel », de façon similaire son traducteur ou sa traductrice ne pourra qu'être un « traducteur pluriel », aux compétences, aux habilités et aux tâches multiples (Nadiani 2007 : 98). Le « traducteur pluriel » pourra ainsi être un seul traducteur ou une seule traductrice, ayant reçu une formation spécifique, ou une équipe traduisante. Il est certain que l'activité traduisante exige dans ce cadre une ou plusieurs figures professionnelles *multitasking*, ayant des compétences linguistiques, culturelles, techniques et informatiques. En effet, le traducteur ou la traductrice de littérature numérique doit être un.e spécialiste de la complexité intersémiotique et interculturelle, et avoir une vision d'ensemble, holistique, du projet de traduction d'un ouvrage littéraire numérique. Il/elle ne doit pas pour autant être nécessairement spécialiste en S.I.C., comme semblent le suggérer Bouchardon et Meza (2021 : en ligne), même si la connaissance de la spécificité plurisémiotique du texte littéraire numérique et de son fonctionnement rhétorique lui sera indispensable.

La traduction numérique se présente ainsi comme une pratique sociale, et montre la nécessité d'un dialogue entre études traductologiques et sociologiques (Desjardins et Larsonneur 2021 : 3 ; Pressman 2014 : en ligne). En effet, ce type de traduction est nécessairement « collaborative », au sens attribué

---

[46] « un *testo pluristrato che combina la testualità multimodale di superficie (livello rappresentativo-performativo), integrante nei suoi prìncipi di organizzazione selezioni di differenti risorse semiotiche secondo un determinato* design, *col relativo retrotesto in maniera funzionalmente e semioticamente essenziale* ».

par Cordingley et Frigau Manning (2016) à l'adjectif. Selon ces spécialistes, il est nécessaire d'abord de ne pas confondre la « co-traduction » avec la « traduction collaborative ». Dans la « co-traduction », les traducteurs et les traductrices sont également des « co-auteurs.trices ». Un.e réviseur.e d'une traduction ne peut pas en revanche se considérer comme un.e « co-auteur.trice » de celle-ci, s'agissant plutôt de quelqu'un qui « collabore » à ce que la traduction en question puisse voir le jour. Autrement dit, le/la réviseur.e ou l'éditeur.trice sont des figures professionnelles qui participent à la bonne réussite d'un projet éditorial dans le cadre d'un processus de traduction qui est nécessairement « collaboratif » et complexe. De façon similaire, dans la traduction de la littérature numérique, des degrés diversifiés de « collaboration » peuvent exister (Cordingley et Frigau Manning 2016 : 24), étant donné la multiplicité des formes qui la caractérisent. Ainsi, ce type de traduction ne fait que confirmer la nécessité de dépasser le mythe, d'origine romantique, du traducteur/de la traductrice qui travaille en autonomie et tout.e seul.e avec son ordinateur. Comme le confirment Cordingley et Frigau Manning, « [t]he vast majority of translators, especially those working in pragmatic or audiovisual contexts, must accept their role in the creation of a negotiated, dynamic text over which they have only provisional authority, knowing that their work may be modified significantly by revisers, editors, dubbing adapters and publishers of some form » (2016 : 2). Cela s'applique d'ailleurs aussi à la traduction littéraire d'ouvrages imprimés tout au long de l'histoire :

> From Antiquity to the Renaissance, translation was frequently practised by groups comprised of specialists of different languages and with varied skills. At the centre of translation teams, experts from various cultures came together to find solutions to translation problems, and the acts of reading and rewriting were often separated and multiplied between participants (Cordingley et Frigau Manning 2016 : 1).

En raison de la nature « collaborative » de la traduction littéraire numérique, une approche écologique exigeant une formation spécifique du traducteur ou de la traductrice s'impose (Zanettin 2000 : 348). Cette formation est censée susciter une prise de conscience du fait que, pour traduire la littérature numérique, un dialogue constant avec les stratégies employées pour traduire d'autres genres textuels est souhaitable et utile. Selon Misiou, « translators need to become not only multimodally literate but also be able to sustain such literacy » (2020 : 261). Zanettin le confirme :

La traduction de textes destinés à être reçus sous forme électronique exige une formation professionnelle adaptée à la nature des textes à traduire, c'est-à-dire un ensemble de connaissances, y compris techniques, et de compétences spécifiques [...]. Cela ne signifie pas que le traducteur doive devenir un informaticien, mais il doit certainement être en mesure de comprendre le contexte dans lequel la réception des textes électroniques se fait ainsi que leurs caractéristiques [...]. Des facteurs tels que, par exemple, la complexité de la structuration des hypertextes [...], la présence dans la profondeur du texte de langages de programmation, et enfin le fait que le texte écrit peut apparaître dans certains cas comme une image insérée dans la page, nécessit[ent] une manipulation non seulement linguistique mais aussi graphique. Bien qu'il soit possible de manipuler les images dans des textes électroniques, il s'agit d'un processus plus long et plus complexe qui demande des compétences différentes. Si les composantes non verbales du texte électronique ne sont pas traduites, il sera nécessaire d'adopter toutes les stratégies compensatoires employées, par exemple, dans la traduction de textes cinématographiques ou des bandes dessinées (1999 : en ligne)[47].

Etant donné la synergie qui s'instaure entre le texte verbal et l'image fixe ou animée, la traduction littéraire numérique s'inscrit dans le cadre théorique de la traduction multimédia, se rapprochant notamment de la traduction audiovisuelle ou de la bande dessinée (Nadiani 2007 : 92). Certaines stratégies adoptées par le traducteur ou la traductrice de littérature numérique pourraient aussi faire penser à des traits communs avec la localisation[48] :

---

[47] « La traduzione di testi destinati ad essere fruiti in formato elettronico richiede una professionalizzazione adeguata alla natura dei testi da tradurre, cioè una serie di conoscenze, anche tecniche, e di abilità specifiche [...]. Non per questo il traduttore deve diventare un informatico, ma certamente è necessario che sappia confrontarsi con il contesto in cui avviene la fruizione dei testi elettronici e con le loro caratteristiche [...]. Fattori quali, ad esempio, la complessità della strutturazione ipertestuale [...], la presenza nel livello profondo del testo di linguaggi di programmazione, e infine il fatto che il testo scritto può apparire in alcuni casi come immagine inserita nella pagina, richiedendo un trattamento di manipolazione grafica oltre che linguistica. Anche se nei testi elettronici è possibile manipolare le immagini, si tratta di un procedimento più lungo e complesso, che richiede competenze differenti. Se le componenti non verbali del testo elettronico non vengono tradotte, sarà necessario adottare tutte quelle strategie di compensazione impiegate, ad esempio, per la traduzione di testi cinematografici o di fumetti » (1999 : online).

[48] Nous entendons par localisation « the process of customizing a product for consumers in a target market so that when they use it, they form the impression that it was designed by a native of their own native country » (Watkins *et al.* 2002 : 4). L'expression

par exemple, une première phase de l'activité traduisante se focalise sur le texte verbal, qu'il faudra insérer dans le code du texte source en remplaçant le texte verbal de départ par son équivalent en langue étrangère (Nadiani 2007 : 79-80). La traduction de la littérature numérique ne peut pas pour autant être réduite à une activité « segmentée » de ce genre, et donc à un pur transfert interlinguistique, tandis que l'industrie de la localisation semble l'entendre précisément comme « la substitution de chaînes de caractères en langue naturelle de manière assez littérale, une sorte de sous-processus quasi automatique, la réduisant à un simple problème de langue » (Nadiani 2007 : 98)[49]. Cette conception semble ignorer les progrès que la réflexion traductologique doit à la linguistique textuelle, à l'analyse du discours, à la *Skopostheorie*, aux *Descriptive Translation Studies* ainsi qu'à d'autres études de type éthique, culturel et anthropologique.

La définition de traduction littéraire numérique élaborée par Nadiani est en revanche à nos yeux non seulement tout à fait pertinente, mais aussi nécessaire pour en préciser la spécificité :

> Nous entendons par *traduction numérique* la préparation et le traitement d'un texte né au sein d'un certain *habitat de stimulation* de la part d'un traducteur exploitant des outils exclusivement numériques pour un utilisateur d'un certain *habitat de réaction* qui reçoit, grâce à des supports exclusivement numériques, un nouveau texte portant potentiellement des traces du texte dont il est issu. Ce traducteur est également conscient que ces outils numériques peuvent surdéterminer la nature et la réception des textes eux-mêmes puisqu'ils participent, sous différentes formes et dans des mesures différentes, à leur constitution (Nadiani 2007 : 108)[50].

---

est souvent employée pour décrire la traduction des sites internet ou des logiciels : « Localizing software and Web sites involves the translation of application software, online documentation (such as Help files and Web pages), and related applications from a source language into a target language » (Weiss 2002 : 38).

[49] « la sostituzione di stringhe di linguaggio naturale in modo abbastanza letterale, una sorta di sotto-processo quasi automatico, riducendola a un mero problema di lingua ».

[50] « Per *traduzione digitale* si intende la preparazione e il trattamento di un testo proveniente da un certo *habitat di stimolo* da parte di un traduttore attraverso strumenti esclusivamente digitali per un ricevente di un certo *habitat di reazione* in grado di fruire di un nuovo testo, potenzialmente denotante tracce del testo da cui è stato gemmato, esclusivamente attraverso strumenti digitali, nella consapevolezza che tali strumenti possono sovradeterminare la natura e la ricezione dei testi stessi in quanto partecipi, in forme e misure diverse, del loro costituirsi. »

Le concept, mis au point par Nadiani, de *habitat de stimulation* et de *habitat de réaction* est particulièrement intéressant, dans la mesure où il permet d'élargir la perspective théorique et de penser la nature plurisémiotique, multilinguistique et multiculturelle de produits littéraires tels que les appli-livres et les livres enrichis. En effet, le multilinguisme et la nature multiculturelle de ces ouvrages devraient être pris en compte dès leur création, afin qu'une traduction réellement « collaborative » puisse être possible. Ce n'est qu'ainsi que le traducteur ou la traductrice pourra jouer un rôle véritable de médiateur ou médiatrice linguistique, culturel.le et littéraire, essentiel pour la qualité esthétique et traductive du produit fini.

Cette dimension « collaborative » assure que la traduction littéraire numérique pourra être à la fois un transfert interculturel et une recréation esthétique, remplissant la tâche de préserver la richesse et la complexité rhétorique du texte de départ, pour que celui-ci puisse être reçu comme un texte littéraire aussi dans la langue-culture et dans le système littéraire d'arrivée. De ce point de vue, la traduction littéraire numérique doit être considérée comme une activité littéraire à part entière, même si elle est de type nouveau. D'abord, la relation entre le texte de départ et le texte d'arrivée est différente de celle qui lie un ouvrage littéraire imprimé à sa traduction. En effet, la distance qui les sépare disparaît, puisqu'ils partagent la même « technologie discursive » et que, notamment dans le cas des appli-livres, la publication du texte source et du texte cible est simultanée. En outre, à en croire Eco (2003), le texte littéraire à traduire est stable et ne change pas, tandis que les traductions sont des textes éphémères, historiquement situés et en changement perpétuel (c'est pourquoi, par exemple, chaque siècle a ses traductions des pièces de Shakespeare). L'existence de ces produits numériques contredit la position théorique d'Eco : leur « technologie discursive » est continuellement mise à jour, ce qui rend le texte de départ et sa (ses) traduction(s) également instable(s). Une telle instabilité confirme plutôt, comme le suggère Apel (1982), que le langage dans le texte littéraire est toujours en mouvement, qu'il s'agisse du texte de départ ou du texte d'arrivée. En effet, selon lui, non seulement les traductions sont toujours des textes éphémères et changeants, mais elles ont également le pouvoir de modifier le texte de départ, par le biais de nouvelles interprétations et réécritures de celui-ci. Autrement dit, le mouvement du langage théorisé par Apel devient, dans l'univers de la littérature numérique et de sa traduction, un mouvement perpétuel du « technologème » (Nadiani 2007 :

108), à savoir une métamorphose de la synergie profonde – que Regnauld et Vanderhaeghe (2014) suivant Guattari appellent « hétérogénèse ontologique » de l'œuvre – qui s'instaure entre les codes sémiotiquement signifiants et le code informatique qui en est à l'origine.

L'expression « codes signifiants » employée ci-dessus renvoie à la nature plurisémiotique de l'appli-livre ou du livre enrichi, qui exige, au niveau théorique, non seulement le tournant technologique que nous venons de décrire, mais aussi un tournant sémiotique, à savoir une plus grande valorisation de la réflexion élaborée dans le domaine de la *Semio-translation* (Gorlée 2004). En effet, dans les appli-livres et les livres enrichis, le texte verbal (souvent lu à voix haute), les images (fixes ou animées), la musique et les sons signifient de façon synergique et unique dans chaque langue-culture (Nergaard 2000 : 440). Leur existence même confirme la nécessité, signalée il y a longtemps par les sémioticiens (Nergaard 2000 : 432) et réaffirmée récemment par Kourdis et Petrilli, d'un tournant sémiotique radical en traductologie, qui donnerait une plus profonde autonomie et dignité aux études consacrées à la traduction multimédia. Comme le confirment ces deux spécialistes, « the implications of general sign studies for translation theory and practice have helped translation studies to move away from the verbocentric dogmatism of the sixties and seventies when only systems ruled by double articulation were acknowledged to have the dignity of language » (Kourdis et Petrilli 2020 : 5).

Or, un *pictorial turn*, selon Nachtergael, caractérise notre culture contemporaine et rend ce tournant désormais inévitable : « Ce *pictorial turn* marquerait également le passage de la postmodernité, caractérisée par la disparition des grands récits, au régime du tout-image ou, tout du moins, de la domination de l'image sur le langage articulé » (2017 : 292). Selon Paveau aussi, l'image organise désormais notre perception et l'emporte sur le langage articulé : « Que l'image prenne le pas sur le langage articulé sans l'effacer, bien au contraire, mais en le reconfigurant, de manière iconique (par une iconisation du texte), constitue une hypothèse congruente avec les observations réalisées en ligne. L'image apparaîtrait alors comme une forme légitime du texte » (Paveau 2017 : 308). De telles remarques, tout en invitant à repenser le signe de façon iconique comme le souhaite Benveniste (2012), sont également une incitation à repenser la traduction en tant que « paratraduction », comme le voudrait Yuste Frías. Selon ce théoricien, la « paratraduction », étant un cadre théorique qui prend sérieusement en compte la dimension para-péritextuelle de production du sens ainsi que ses retombées traductives, suppose toujours « un espace 'en para' de lecture interprétative et d'écriture paratraductive 'ENTRE' différents codes sémiotiques producteurs ou régulateurs de sens d'ordre symbolique qui entrent en relation INTERsémiotique ou MULTIsémiotique pour transmettre ensemble le sens » (2010 : 295). La primauté signifiante des images fixes ou animées, à savoir de ces « produits culturels à géométrie variable, dont le sens change suivant la localisation spatio-temporelle » (ibid. : 296), exige notamment de revenir sur le rôle du lecteur/de la lectrice-interprète, qui est aussi le traducteur/la traductrice, du texte littéraire numérique, et de le/la concevoir dans le cadre d'une sémiotique textuelle comme celle de Eco. Celle-ci s'inspire de la sémiotique interprétative de Pierce (Gorlée 2004 : 55), plutôt que de la sémiotique structuraliste ou générative. Comme l'explique Nergaard, qui a beaucoup travaillé en collaboration avec Eco, il est grand temps de ne plus ignorer que la traduction est un type d'interprétation et qu'elle a donc des retombées au niveau sémiotique, étant un processus perpétuel au sein duquel un signe appartenant à un ou plusieurs systèmes sémiotiques est transformé en un autre signe complexe qui l'interprète (Nergaard 2000 : 436).

Dans ce cadre théorique particulièrement éclairant pour nos fins, la traduction se définit comme un acte d'interprétation d'un texte profondément ancré dans une langue-culture, qui doit être transformé par un travail complexe de médiation culturelle (Eco 2003)[51]. Les notions de « lecteur modèle », d'« encyclopédie » et d'« *intentio operis* » mises au point par Eco sont essentielles pour repenser la traduction comme un processus de négociation d'un texte multimédia (Nergaard 2000 : 440-444), et utiles aussi afin de définir la spécificité de la traduction littéraire numérique d'un produit plurisémiotique tel que l'appli-livre ou le livre enrichi. En effet, l'activité traduisante peut ainsi être conçue comme un transfert de monde à monde, comme le passage d'un univers culturel à un autre univers culturel. Dans un texte multimodal tel que

---

[51] La position de Venuti, dans son livre récent *Contra instrumentalism. A Translation Polemic*, est tout à fait proche de celle d'Eco et de Nergaard : « STOP assuming that translation is mechanical substitution. START conceiving of it as an interpretation that demands writerly and intellectual sophistication. STOP evaluating translations merely by comparing them to the source text. START examining their relations to the hierarchy of values, beliefs, and representations in the receiving culture » (Venuti 2019 : ix-x).

celui de l'appli-livre ou du livre enrichi tous les systèmes de signes signifient de façon synergique et culturellement spécifique. Ainsi, la tâche du traducteur ou de la traductrice est d'agir en tant que « lecteur/lectrice modèle » du texte de départ pour construire un autre texte également lisible et compréhensible pour « le lecteur/la lectrice modèle » de la langue d'arrivée, qui a une autre « encyclopédie ». Par ce mot, Eco entend, comme l'explique Nergaard,

> une sémantique si étendue qu'elle couvre non seulement les concepts et leur sens, mais aussi leur usage, leur contexte, bref, la connaissance du monde. Là encore, bien que le concept d'encyclopédie ait été développé dans l'optique du langage naturel, il est également applicable à d'autres langages, tels que le langage visuel et sonore : même un objet représenté est classé dans l'encyclopédie correspondante non seulement en fonction de ce qu'il signifie, mais aussi en fonction du moment, de la manière et du contexte de sa représentation et de son usage. Chaque culture possède des instructions pour interpréter le monde qui l'entoure, instructions qui sont activées dans les textes de cette culture (Nergaard 2000 : 442)[52].

La traduction littéraire numérique se configure ainsi, étant donné la médiation plurisémiotique qu'elle est censée réaliser, comme un passage dialectique entre deux textes qui sont aussi deux systèmes encyclopédiques complexes, à interpréter et à mettre en communication.

3.4. La traduction de l'*icono-lettre* et du *rythme numérique* des appli-livres et des livres enrichis

Etant donné la nécessité de concevoir la traduction littéraire numérique comme une activité qui s'inscrit de façon autonome dans le vaste domaine de la traduction multimédia, il nous semble nécessaire d'élaborer une terminologie nouvelle pour la décrire. En effet, dans ce cas, la tâche du traducteur ou de la traductrice est de traduire une « icono-lettre conversationnalisée »,

---

[52] « una semantica così estesa da non coprire solo i concetti e il loro significato, ma anche il loro uso, il loro contesto, insomma, la conoscenza del mondo. Anche in questo caso, nonostante il concetto di enciclopedia sia stato elaborato pensando alla lingua naturale, esso è applicabile anche agli altri linguaggi, come quello visivo e quello sonoro: anche un oggetto rappresentato viene classificato nell'enciclopedia relativa non solo per ciò che significa, ma anche per il quando, per il come e per il contesto in cui viene rappresentato e utilizzato. Ogni cultura possiede delle istruzioni per l'interpretazione del mondo che la circonda, istruzioni che vengono attivate nei testi di quella cultura. »

comme nous venons de le voir, signifiant de façon singulière dans chaque œuvre (Amadori 2020, 2019). Dans cette expression, la notion de « lettre » renvoie à la réflexion de Berman (1999) consacrée à la traduction littéraire des textes imprimés et décrit la configuration textuelle spécifique que chaque ouvrage littéraire manifeste, et que le traducteur ou la traductrice littéraire est censé.e recréer dans la langue-culture cible. L'ajout du préfixe « icono- » à cette notion vise à rappeler que le texte numérique exige une ouverture à la dimension plurisémiotique de la signification, et que le signe doit être conçu en tant qu'« icône », comme le suggère Benveniste (2012). L'« icono-lettre » d'un appli-livre ou d'un livre enrichi à traduire est ainsi l'ensemble composite de signes verbaux, acoustiques, visuels, culturels et performatifs, produisant une sémiose littéraire spécifiquement multimodale.

La création de ce néologisme rappelle aussi que ces produits numériques sont le résultat d'une « énonciation éditoriale » (Jeanneret et Souchier 2005 : 6), qui produit ce que Paveau suivant Souchier définit un « textiel », dont la nature est « composite » et « augmentée » (Paveau 2017 : 28-29). Cette notion, comme l'explique Paveau,

> pointe une dimension essentielle des écritures numériques : leur dimension sociale, comme pratiques communicationnelles fortement ancrées dans les contextes de vie des scripteurs, qui « textualisent » le social. Emmanuel Souchier […] définit le textiel comme une « réalité complexe située à la croisée du texte, de la technique et de la pratique ; réalité qui ne prend sens et dont on ne peut rendre compte qu'en termes situés » (Souchier 2004 : 8) (Paveau 2017 : 136-137).

L' « icono-lettre » d'un « textiel » littéraire produit ainsi un « rythme » spécifiquement « numérique ». La notion de « rythme » que nous employons dans cette étude est redevable de la réflexion de Meschonnic, et se révèle particulièrement efficace pour méditer les dynamiques signifiantes de la sémiose numérique ainsi que les problèmes posés par sa traduction. En effet, ce théoricien, proche des positions de Benveniste (2012), de Paveau (2017) et de Nadiani (2007), a insisté à plusieurs reprises sur la nécessité de dépasser une conception dualiste et logocentrique du signe et de le repenser plutôt de façon holistique et écologique, dans le cadre d'une « politique » du rythme (1995). Selon Meschonnic, le rythme est

> [l']organisation du mouvement d'une parole, (et non plus sa définition classique, qui est celle du signe, comme alternance binaire du même et du différent) dans le continu rythme-syntaxe-prosodie, dans l'enchaînement de tous les rythmes, rythme

> d'attaque, rythme des finales, rythme de position, rythme de répétition, rythme prosodique, rythme syntaxique [...] (2007 : 33).

Sa réflexion, se focalisant notamment sur le fonctionnement du langage naturel, est néanmoins un bon point de départ pour élaborer une définition de « rythme numérique ». Or, le rythme d'un ouvrage littéraire numérique doit être conçu comme l'organisation stratifiée et multimodale de plusieurs systèmes de signes, signifiant à chaque fois de façon spécifique sous des formes variées de répétition, de variation et de synergie entre texte, mouvement, image et son. Comme Regnauld le confirme, dans l'univers de la littérature numérique, le sens n'est plus le produit du jeu signifiant-signifié, mais il résulte plutôt des effets « produced by the play of signifiers, signified and the non-semantic elements of code as a set of performative instructions, a play constitutive of a certain organic rhythmicity inherent in electronic literature » (2018 : 45). Le code informatique – principe générateur de ce rythme – est ainsi, comme le langage naturel, toujours sujet au changement et capable de produire une sémiose rythmique multimodale qui se manifeste par un corps rythmique différent dans chaque ouvrage littéraire. Comme le rythme verbal tel qu'il est pensé par Benveniste (et dans son sillage par Meschonnic), le rythme numérique est un mouvement « sans fixité ni nécessité naturelle et résultant d'un arrangement toujours sujet à changer » (Benveniste 1966 : 333). Son caractère non prévisible le rend toujours historiquement déterminé et responsable de la création d'une forme toujours sujette à modification, une forme instable produite par l'action synergique de plusieurs codes (informatique, linguistique, visuel, sonore).

Cette forme doit être reçue, interprétée et recréée par le traducteur ou la traductrice à la fois « singulièrement » et « collaborativement », en raison de sa nature techno-discursive complexe et stratifiée. Le sujet traducteur de ce rythme est ainsi « pluriel » et son activité est « éthique » précisément dans la mesure où il sait reproduire la complexité technodiscursive du « textiel » numérique de départ, sa richesse rythmique ainsi que sa valeur esthétique dans la langue-culture d'arrivée. Aussi l'« éthique » du traduire en contexte numérique peut-elle être définie, ainsi que le souhaiterait Meschonnic, comme une « poétique » et une « politique » du traduire :

> Je ne définis pas l'éthique comme une responsabilité sociale, mais comme la recherche d'un sujet qui s'efforce de se constituer comme sujet par son activité,

mais une activité telle qu'est sujet celui par qui un autre est sujet. Et en ce sens, comme être de langage, ce sujet est inséparablement éthique et poétique. C'est dans la mesure de cette solidarité que l'éthique du langage concerne tous les êtres de langage, citoyens de l'humanité, et c'est en quoi l'éthique est politique (Meschonnic 2007 : 8).

Le mot « poétique » est employé par Meschonnic au sens étymologique (du grec ancien ποιεῖν / *poiein*, qui signifie « faire », « produire », « créer ») : le traducteur ou la traductrice d'un ouvrage littéraire est ainsi censé « traduire-écrire » (2007 : 80), à savoir reproduire un ouvrage littéraire en refaisant dans sa langue-culture et dans le système littéraire d'arrivée ce qui a été fait dans la langue-culture-littérature de départ, comme le théoricien l'explique :

une traduction d'un texte littéraire doit fonctionner comme un texte littéraire, par sa prosodie, son rythme, sa signifiance, comme une des formes de l'individuation, comme une forme-sujet. Ce qui déplace radicalement les préceptes de transparence et de fidélité de la théorie traditionnelle, en les faisant apparaître comme les alibis moralisants d'une méconnaissance dont la caducité des traductions n'est que le juste salaire. L'équivalence recherchée ne se pose plus de langue à langue, en essayant de faire oublier les différences linguistiques, culturelles, historiques ; elle est posée de texte à texte, en travaillant au contraire à montrer l'altérité linguistique, culturelle, historique, comme une spécificité et une historicité (Meschonnic 2007 : 42-43).

La tâche de traduire le rythme d'un ouvrage littéraire numérique, ayant des points communs remarquables avec celle de traduire n'importe quel texte littéraire, doit ainsi à nos yeux s'éloigner de la pratique de la traduction multimédia. En effet, pour celle-ci on a souvent adopté une approche *target-oriented*, visant à niveler la spécificité culturelle du texte source et à le rendre transparent pour le public cible : cela est confirmé par exemple par les stratégies employées ordinairement pour le doublage ou le sous-titrage (Agorni 2000 : 403-404 ; Marecki et Małecka 2016 : en ligne ; Ulrych 2000 : 418-419). La traduction de la littérature numérique invite précisément à dépasser cette approche, ainsi que le binôme traduction sourcière-cibliste (Ladmiral 1986), en mettant en évidence la nécessité de préserver le rythme ainsi que la culturalité et la littérarité des ouvrages à traduire même quand ils ont une nature multimédia. De ce point de vue la traduction du rythme créé par l'« icono-lettre » d'un « textiel » littéraire devra privilégier une approche attentive à la forme plurisémiotique et culturellement connotée du texte source, ainsi qu'à sa valeur esthétique. Voilà seulement comment la traduction numérique saura être à la fois « éthique », « poétique » et « politique », comme le souhaite Meschonnic, ou plus récemment Venuti, dont la réflexion se rapproche de la sienne quand il affirme : « translation lies at the core, not only of humanistic study and research, but also of the geopolitical economy that structures social relations today – provided that translation is conceived and practiced as an ethically charged and politically engaged act of interpretation » (Venuti 2019 : 40).

Or, en se penchant sur la traduction de la littérature imprimée, Venuti (1995) a mené une longue bataille contre l'invisibilité du traducteur/de la traductrice, dont le travail de médiation linguistique et culturelle doit bien se rendre visible selon lui. Le dépassement de cette invisibilité doit encore se produire de façon radicale dans d'autres domaines, précisément dans celui de la traduction multimédia et notamment du sous-titrage (Venuti 2019 : 127-172). Il critique ouvertement ce retard dans son *Contra Instrumentalism. A Translation Polemic* : cette approche, « instrumentaliste » à ses yeux (2019 : 149), fait obstacle à une conception de la traduction pensée et pratiquée en tant qu'acte d'interprétation véritable, attentif non seulement au public cible mais aussi à la complexité linguistique, culturelle et sémiotique du texte source, dont le traducteur ou la traductrice a la tâche de se faire le médiateur/la médiatrice. Marecki et Małecka (2016 : en ligne) souhaitent à leur tour une évolution de ce genre, en citant comme Venuti l'exemple de Nornes, qui dans les années quatre-vingt-dix a défini la pratique traditionnelle du sous-titrage « corrupt », dans la mesure où elle « smooths over its textual violence and domesticates all otherness while it pretends to bring the audience to an experience of the foreign » (2004 : 449). En effet, selon Nornes, les traducteurs.trices audiovisuel.le.s devraient reconnaître la corruption inhérente à leur pratique et devenir « abusifs » (2004) à l'égard de celle-ci : il les exhorte à se ranger du côté du texte source et à ouvrir leur traduction à sa spécificité culturelle et linguistique, à expérimenter la position et la couleur des polices, ou encore à insérer des notes de bas de page. Des exemples de « sous-titrage abusif » ont été trouvés par Nornes dans la sous-culture japonaise du fansubbing, qu'il a décrit comme un exemple d'expérimentation à la fois linguistique et graphique très intéressant. C'est en ayant à l'esprit cette expérience de sous-titrage « abusif » que Marecki et Małecka ont traduit un ouvrage de littérature numérique, et plus précisément de poésie animée, de l'autrice polonaise Giełżyńska. Ils décrivent ainsi leur approche traductive :

In general, the translation of a digital work means translating not only the text, but also the code, and often the media or technological platform in whose framework the piece was created. Translation is often as much an experiment as the original work itself. Thus, for Katarzyna Giełżyńska's collection *C()n Du It*, apart from the English translation of all the work's components (graphics, fonts, montage, text speed, type size), which is an example of an "invisible" localization, a second method was adopted, borrowing from the abusive subtitling subculture. Other inspirations included the desire to show the original, Polish version to an English-language audience (unaltered by translation) and the will to experiment and play, often problematized in Giełżyńska's poem-films (2016 : onlne).

La traduction de *C()n Du It* se présente ainsi comme un projet expérimental, qui joue avec une pluralité de ressources sémiotiques, à l'instar du texte de départ. Elle se veut donc « éthique » et « poétique », tout en étant en même temps « politique », dans la mesure où elle entend renouveler des pratiques traductives visant à produire un plus grand accueil d'une altérité littéraire au visage multiforme et multimodal. Dans le prochain chapitre, nous proposerons une analyse traductologique d'un corpus d'ouvrages littéraires pour l'enfance, pour observer si, et dans quelle mesure, ces traductions peuvent être considérées comme « éthiques », « poétiques » et « politiques » et si une expérimentation littéraire et traductive comparable à celle de Marecki et Malecka est considérée comme appropriée quand le/la destinataire du texte traduit n'est pas adulte, mais jeune ou très jeune.

CHAPITRE 4

Traduire la *copia* sémiotique de la littérature numérique d'enfance

4.1. « Sémio-éthicité » et « sémio-poéticité » de la traduction littéraire numérique

Le mot *copia* est d'origine latine et signifie « abondance ». L'expression *copia* sémiotique est inspirée par la réflexion consacrée par Berman (2012) à la pratique de la traduction pendant la Renaissance : selon ce traductologue, une traduction copieuse produit « un texte poétiquement plus riche que celui de l'original, en accentuant certains traits poétiques de celui-ci » (2012 : 13). Ainsi, une traduction « copieuse » revient aux sources signifiantes d'un texte littéraire pour lui assurer une nouvelle vie, une épaisseur signifiante renouvelée. Or, dans les livres enrichis et les appli-livres certains traits signifiants sont intensifiés grâce à la synergie de plusieurs codes sémiotiques. Cette abondance plurisémiotique est le trait caractéristique de la « signifiance »[53] de ces nouveaux produits numériques : c'est celle-ci que la

---

[53] La « signifiance », selon la définition de Meschonnic et Dessons, « désigne spécifiquement ici l'organisation des chaînes prosodiques selon une double solidarité syntagmatique et prosodique produisant une activité des mots qui, donc, ne se confond pas avec leur sens mais participe de leur force, indépendamment de toute conscience qu'on peut en avoir » (Dessons et Meschonnic 1998 : 235-6). Comme pour la notion de rythme, cette notion doit être adaptée au contexte numérique, et tenir compte de la nature plurisémiotique des textes littéraires numériques.

pratique traduisante numérique doit être en mesure de reproduire dans la langue d'arrivée.

Dans ce chapitre nous mènerons une analyse traductologique de notre corpus d'appli-livres et de livres enrichis visant à vérifier si, et comment, cette *copia* sémiotique a été préservée lors de la traduction, ou si des formes de déformation, d'appauvrissement ou d'enrichissement sémiotique caractérisent les versions traduites. Notre approche traductologique ne sera pas prescriptive, mais descriptive. Plus précisément, notre critique des traductions numériques envisagées entend être « productive » : comme l'explique Berman en citant Schlegel, en effet, ce type de critique est ontologiquement nécessaire aux œuvres et à leur survie (1995 : 38), s'agissant d'

> une critique qui ne serait pas tant le commentaire d'une littérature déjà existante, achevée et fanée, que l'organe d'une littérature encore à achever, à former et même à commencer. Un organon de la littérature, donc une critique qui ne serait pas seulement explicative et conservatrice, mais qui serait elle-même productive, au moins indirectement (Berman 1984 : 196).

En observant des traductions existantes nous entendons ainsi en mettre en évidence les ombres et les lumières, tout en vérifiant la valeur de certaines notions mises au point dans cette étude, comme celles de « rythme numérique » ou d'« icono-lettre », qui pourront se révéler utiles lors de la traduction d'autres ouvrages littéraires numériques dans l'avenir.

Or, selon Berman, une critique « productive » est censée évaluer si les traductions sont « éthiques » et « poétiques ». Comme il l'explique, « la poéticité de la traduction réside en ce que le traducteur a réalisé un véritable travail textuel, *a fait texte*, en correspondance plus ou moins étroite avec la textualité de l'original » (Berman 1995 : 92). L'éthicité, quant à elle, réside dans le respect, ou plutôt, dans « un certain respect de l'original » (*ibidem*) et de sa configuration textuelle spécifique. Dans le contexte numérique, les critères d'évaluation des traductions doivent tenir compte de la *copia* sémiotique qui caractérise les ouvrages littéraires. Dans ce chapitre notre tâche sera par conséquent de vérifier si les traductions anglaises de notre corpus peuvent être considérées comme « sémio-éthiques » et « sémio-poétiques », à savoir si elles sont capables de s'ouvrir à la spécificité de l'« icono-lettre » du texte de départ, en l'accueillant dans la langue-culture d'arrivée, et si elles sont en mesure de recréer la textualité multimodale et la littérarité des ouvrages à traduire en langue cible.

Dans ce cadre, la question du rapport entre texte et images, et donc de la « paratraduction », est centrale. Comme Yuste Frías l'explique,

> Le concept de paratraduction veut rendre à l'image et à tout aspect visuel des paratextes la place méritée dans la construction de sens symbolique en traduction. La paratraduction d'une traduction est l'image de celle-ci, [...] car le succès d'une traduction quelconque dépend toujours des productions paratextuelles (verbales, iconiques, verbo-iconiques matérielles) qui l'entourent, l'enveloppent, l'accompagnent, l'introduisent et l[a] présentent dans le monde éditorial (2010 : 293-294).

Notre analyse se propose ainsi de vérifier comment l'« icono-lettre » des ouvrages examinés a été non seulement traduite, mais « paratraduite », compte tenu du fait que les images ou les animations dans ces produits numériques ne sont souvent pas recréées lors de la traduction. Nous verrons ainsi qu'une telle « migration », comparable à celle qui caractérise la traduction des produits audiovisuels, de l'album illustré ou de la BD, peut provoquer des incohérences sémiotiques, qui ont été traitées de façon variée par les traducteurs.trices et les éditeurs.trices de notre corpus. Le concept de « paratraduction », visant à « étudier le pouvoir et les enjeux esthétiques, politiques, idéologiques, culturels et sociaux » des traductions, pourra aider « à mettre à jour le rôle des rapports de pouvoirs (inégaux ou asymétriques) joué par l'idéologie dans la diffusion et la réception des traductions » (Yuste Frías 2010 : 292). Nous interrogerons donc les choix, au niveau textuel et péritextuel, du « traducteur pluriel » (cf. chap. 3) des ouvrages numériques de notre corpus, sachant qu'il s'agit d'une entité complexe, qui reflète les politiques éditoriales, les dynamiques du marché de l'édition numérique jeunesse ainsi que la prise en compte d'un.e destinataire jeune ou très jeune.

Dans son livre pionnier *La traduction de la littérature d'enfance et de jeunesse et le dilemme du destinataire*, Pederzoli insiste sur la nécessité de traduire pour l'enfance en faisant preuve d'attention non seulement aux capacités de lecture du/de la destinataire, mais aussi à la littérarité et à la culturalité des ouvrages destinés au jeune public. Selon cette traductologue, dont la réflexion s'inspire de celle de Berman, il est temps de commencer à penser la traduction de la littérature d'enfance dans un horizon de type éthique. La visée de la traduction de la littérature d'enfance doit ainsi être « est-éthique », comme elle l'explique :

> On doit donc traduire en pensant à ce lecteur. Toutefois, cette attention ne doit pas s'imposer au détriment des caractéristiques stylistiques, thématiques et

narratologiques du texte de départ. Il s'agit donc de concevoir une traduction qui soit en même temps éthique et esthétique, on oserait dire « est-éthique ». Car l'engagement envers l'enfant ou l'adolescent ne peut pas se limiter à une évaluation – souvent improbable – de leurs compétences de lecture, mais doit viser également un objectif tout aussi noble : l'initiation à la lecture littéraire et à l'art (Pederzoli 2012 : 288-9).

Nous nous demanderons donc si les traductions de notre corpus sont effectivement capables de reproduire la complexité plurisémiotique du « rythme numérique » des textes de départ et de recréer la synergie profonde qui s'instaure dans les ouvrages français entre texte, images/animations, sons et musique. Autrement dit, il s'agira de comprendre si elles peuvent être considérées comme « est-éthiques » au sens de Pederzoli, ou plus précisément, s'agissant de traductions d'ouvrages littéraires numériques, comme « sémio-éthiques » et « sémio-poétiques ».

L'analyse traductologique qui sera menée dans ce chapitre se focalisera sur les livres enrichis et les appli-livres narratifs. Comme le but de notre étude est de vérifier le caractère « sémio-éthique » et « sémio poétique » des traductions en employant les notions d'« icono-lettre » et de traduction du « rythme numérique », l'analyse des appli-livres et des livres enrichis ayant une visée ludo-éducative est à nos yeux moins pertinente. En effet, il est nécessaire de faire une traduction pragmatique plutôt qu'« est-éthique » de ces produits, visant à préserver la nature ludo-éducative de l'expérience de lecture-jeu. Le classement par classe d'âge sera en revanche pertinent, afin de mettre en évidence comment la pratique de la traduction d'ouvrages s'adressant à un public très jeune se distingue de celle qui s'adresse à un public de jeunes adultes.

4.2. La « lettre » et l'« icono-lettre » appauvries des traductions des appli-livres et des livres enrichis pour enfants

Notre analyse qualitative du corpus a révélé des tendances déformantes qui sont fréquentes dans la traduction de la littérature d'enfance (Pederzoli 2012) : d'un point de vue stylistique, en effet, on assiste à un appauvrissement qualitatif des traductions. Les textes traduits sont parfois simplifiés au niveau syntaxique et lexical, et moins riches sur le plan rhétorique et rythmique. Cet appauvrissement se manifeste à la fois au niveau textuel et icono-textuel (autrement dit au niveau de leur « lettre » et de leur « icono-lettre ») : la synergie profonde qui s'instaure entre texte verbal et images/animations dans la version française est en général affaiblie dans les traductions anglaises que nous avons examinées.

D'abord, nous présenterons quelques cas emblématiques d'appauvrissement traductif de la « lettre » des ouvrages de notre corpus. Un problème auquel les traducteurs et traductrices de la littérature d'enfance et de jeunese doivent souvent faire face est la traduction des anthroponymes qu'on a définis comme « signifiants » (Pederzoli 2012 : 111), qui peuvent avoir une valeur symbolique, contenir des allusions intertextuelles ou des références variées au contexte social, culturel, historique de la langue de départ. Si en général les anthroponymes sont transcrits, ce type d'anthroponyme est d'habitude traduit, pour garder la richesse signifiante et l'efficacité pragmatique du texte source. Dans notre corpus, les anthroponymes signifiants des ouvrages *L'ogresse* (2012) et *La grande fabrique des mots* (2010) ne sont pas traduits, ce qui produit une entropie traductive évidente. En effet, l'héroïne du premier s'appelle Occidiane. L'histoire est une critique à la société de la consommation et à un Occident qui, comme une ogresse obèse, détruit toutes les ressources de la planète pour satisfaire son appétit égoïste. L'anthroponyme Occidiane explicite ainsi le fait que l'ogresse est une allégorie critique de la société occidentale. Le choix de la traductrice de transcrire cet anthroponyme (et de ne pas le traduire) rend cette valeur allégorique non intelligible pour le public anglais, l'Occident étant le West en anglais. Un autre exemple pertinent est offert par la traduction des anthroponymes des personnages de l'appli-livre *La grande fabrique des mots*. Le traducteur ou la traductrice (son nom n'est pas précisé dans les crédits[54]) a décidé de traduire « Philéas » et « Cybelle » par « Paul » et « Marie ». Ce choix préserve la nationalité des personnages, mais détermine la perte de la valeur signifiante des anthroponymes du texte source. Cybelle, qui est « si belle », est aimée par Philéas, qui est un enfant pauvre, mais dont la

---

[54] Ce phénomène a attiré notre attention, car on a désormais reconnu aujourd'hui au traducteur ou à la traductrice littéraire un droit de paternité/maternité sur sa traduction, celle-ci étant considérée comme un produit de l'esprit. Le manque de ce type de reconnaissance formelle confirme que la traduction de la littérature numérique d'enfance n'est pas encore considérée comme une véritable activité littéraire.

richesse repose sur sa capacité d'aimer tous les mots et de les prononcer avec une grande douceur. Voilà pourquoi Cybelle tombe amoureuse de lui. Or, le prénom « Philéas » vient du grec ancien « philos », qui signifie « amour » ou « amant », et « aisthesis », qui signifie « perception » ou « sensation ». Ce prénom préfigure ainsi la fin heureuse de l'histoire d'amour entre les deux personnages. Le choix de remplacer « Philéas » et « Cybelle » par « Paul » et « Marie » appauvrit de toute évidence la version anglaise.

Comme nous l'avons vu, la plupart de ces appli-livres destinés aux plus petit.e.s prévoit la possibilité d'une lecture à voix haute grâce à l'option « lis pour moi ». Ainsi, les textes de départ sont en général très riches sur le plan rythmique. Dans les traductions anglaises, on relève souvent un appauvrissement de la dimension sonore et musicale du texte, déterminé par la perte des allitérations, des effets d'écho ou des rimes présentes dans le texte de départ. Par exemple, l'appli-livre *Dans mon rêve* (2012), conçu pour un public très jeune, permet à l'enfant de manipuler le texte ainsi que les images pour créer des tableaux iconiques et verbaux surprenants, inspirés de la pratique de l'écriture automatique surréaliste. La traduction anglaise est en général fidèle au sens, mais souvent plus pauvre sur le plan rythmique et prosodique. Voici deux exemples choisis parmi bien d'autres :

Dans un paquet cadeau,	In a gift box,
Un éléphant s'envole,	an elephant flies,
Dans la fumée des cheminées.	in the chimney smoke.
(*Dans mon rêve* 2012 : n.p.)	(*In my dream* 2012 : n.p.)
Parce que le sucre d'orge c'est délicieux,	Because cotton candy is delicious,
Les petits pois cherchent leur chemin,	Little peas look for their path,
Par un matin d'hiver.	On a winter morning.
(*Dans mon rêve* 2012 : n.p.)	(*In my dream* 2012 : n.p.)

Dans le premier cas, nous remarquons la perte, dans la version anglaise, de l'effet d'écho créé par la répétition du son [e] dans le dernier vers de la version française (*fumée-cheminée*). Dans le deuxième on observera la présence de la rime interne *chemin-matin* ainsi que le retour du phonème [s] dans le premier vers et des phonèmes [p] et [ʃ] dans le deuxième. Ces effets d'écho sont de toute évidence plus faibles dans la version anglaise.

Un autre exemple intéressant est tiré de l'appli-livre *Ogre doux* (2012), qui s'adresse à un.e destinataire plus âgé.e. Dans ce passage, la jeune fille se désespère, car elle a compris que, devenue plus grande, elle a désormais perdu pour toujours son ami ogre et poète :

Je ne voulais pas reparler.	I never wanted to bring it up again.
Il m'avait troublée.	He'd upset me.
Je ne voulais pas oublier.	I didn't want to forget,
Ni briser la magie.	nor shatter the illusions and
Encore moins perdre un ami.	even less, lose a friend.
Un ami imposant, certes,	An imposing friend, it's true,
un ami aussi haut qu'une montagne.	a friend as tall as a mountain.
Un ami poète,	My friend
mon amie la rose,	was a poet,
me l'a dit ce matin…	and by any other name
(*Ogre doux* 2012 : 20)	would have been just as sweet.
	(*The friendly ogre* 2012 : 20)

L'extrait français se caractérise par une grande richesse rythmique déterminée par la présence du parallélisme syntaxique, de rimes (externes ou internes), de l'anaphore avec répétition par trois fois du mot *ami* en début de vers. La citation des deux vers de la chanson de Françoise Hardy *Mon amie la rose* (*mon amie la rose / me l'a dit ce matin*) qui revient comme un refrain dans l'appli-livre et clôt l'extrait s'intègre parfaitement dans le passage, parce qu'elle contribue à renforcer la « constellation sémantique » (Kristeva 1974 : *passim*) qui lie, par la répétition du phonème [m], les mots *imposant / montagne / magie* et *ami*. Cette configuration prosodique résume parfaitement le dévouement, l'affection, l'amour, l'amitié que la jeune fille éprouve pour son ami poète, ainsi que le charme qu'il exerce sur elle. Dans la version anglaise un tissu textuel aussi riche n'a pas été recréé : les effets d'écho sont intéressants mais plus faibles ; la répétition de *friend* ne se situe pas au début des vers, elle est moins marquée et, par conséquent, moins audible. Les deux vers par lesquels l'extrait se termine (faisant allusion aux célèbres vers de *Romeo and Juliet* « a rose / by any other name would smell as sweet », choisis pour adapter la référence à la chanson de Françoise Hardy) n'évoquent pas explicitement l'image de la rose, et ne sont pas aussi pertinents d'un point de vue sémantique que ceux de la chanson française. Que l'ogre soit un poète est essentiel, que sa voix douce soit celle de la poésie et de la littérature pour enfants est déterminant dans cet ouvrage : pourquoi devrait-on l'appeler *by any other name* ?

Le livre enrichi *Conte du haut de mon crâne* (2014) est un ouvrage intensément poétique, et caractérisé par une remarquable densité rhétorique, qui n'est pas toujours préservée dans la version anglaise. Dans les exemples suivants nous signalons par exemple la perte de la métaphore :

J'ai cent ans. Cent ans et des poussières. (*Conte du haut de mon crâne* 2014 : 3)	I am one hundred years old. Just a little over one hundred years old. (*A tale off the top of my head* 2014 : 3)
Nous étions tranquilles tous les deux, braise au repos. (*Conte du haut de mon crâne* 2014 : 17)	We were happy the two of us, not a care for the outside world. (*A tale off the top of my head* 2014 : 17)
Je vis les yeux traîtres de Mercy qui m'arrachait mon amour. Mercy avait sauvé Eau-qui-File en l'éloignant de moi. (*Conte du haut de mon crâne* 2014 : 27)	I saw her for the traitor I believed she was. Truth be told, Mercy had saved Flowing-Water by taking her away from me. (*A tale off the top of my head* 2014 : 27)

D'autres exemples d'affaiblissement rhétorique de la traduction sont présents dans d'autres appli-livres ou livres enrichis analysés, par exemple dans *Il suffit parfois d'un cygne* (2014), où la métaphore est remplacée par la similitude :

J'ai souvent des idées comme ça. Des idées corbeaux. On dirait qu'elles volent, noires et effrayantes, autour de ma tête. (*Il suffit parfois d'un cygne* 2014 : 7)	I often have such thoughts. They are like crows, black and frightening crows flying around in my head. (*The one swallow that did make a spring* 2014 : 7)

Le même phénomène a été relevé dans *Thibaut au pays des livres* (2012) :

Vite, Thibaut s'empare d'un autre livre et y vole des mots aquatiques, pour les faire naviguer sur l'océan de papier (*Thibaut au pays des livres* 2012 : n.p.)	Thomas hastily pick up another book and gleans some more sea related words to help him navigate the ocean of paper (*Thomas's travels in Bookland* 2012 : n.p.)
il attrape un mot voyageur qui revient tout le temps, d'une page à l'autre : océan (*Thibaut au pays des livres* 2012 : n.p.)	[he] falls on a word that keeps popping up, somehow travelling from one page to another: ocean (*Thomas's travels in Bookland* 2012 : n.p.)

Dans le passage suivant de *Conte du haut de mon crâne* on décrit l'arrivée d'Eau-qui-coule, la femme dont Ari, le héros de l'histoire, tombe fou amoureux. L'anthroponyme est signifiant et bien traduit : la femme est comme l'eau qui coule, elle arrive, elle fait jaillir l'amour, mais son prénom annonce déjà qu'Ari la perdra à la fin du récit. Dans ce passage, le texte français, par le biais de la répétition qui devient une sorte de refrain, insiste à trois reprises sur le fait que la jeune fille ne repartira jamais, en condensant ainsi l'espoir du jeune homme. La traduction anglaise perd cet élément rythmique essentiel, en omettant une phrase entière et affaiblissant ainsi le rythme du passage :

Elle planta ses yeux dans les miens et ne repartit plus jamais. Elle posa ses valises près de Nimis, me sourit et ne repartit plus jamais. Elle me dit : « Je suis Eau-qui-file, garde-moi entre tes mains » et ne repartit plus jamais. (*Conte du haut de mon crâne* 2014 : 21)	She looked straight into my eyes, and she never left. "I am Flowing-Water, keep me safe in your hands", she said, and she never left. (*A tale off the top of my head* 2014 : 21)

Aucune raison liée à la distribution de l'espace sur la page-écran, qui reste identique dans les deux langues, ne justifie ce choix. Nous avançons l'hypothèse d'une tendance généralisée à la simplification, rhétorique comme syntaxique, que nous avons remarquée en examinant la traduction anglaise. La traduction de la dernière page-écran de ce livre enrichi confirme cette tendance :

Je suis là, une vie plus tard, seul avec Nimis, dans ce qui reste de mon manoir en cendre, avec ce qui reste de ma mémoire en cendre. J'ai tiré du feu tout ce que je voulais garder. Je suis Ari Allistar Arx-Sorensen, j'ai cent ans et je parle avec une louve. Ma fable est vraie, elle vient droit du haut de mon crâne, là où se nichent les rêves des hommes. Croyez-moi s'il vous plait. (*Conte du haut de mon crâne* 2014 : 29)	I stand here, a lifetime later, alone with Nimis looking at the ashes of the manor, the ashes of my memory for they are the only things that I have left. I pulled from the fire everything that I wanted to keep, I am Ari Allistar Arx-Sorensen, I am a hundred years old and I speak with a she-wolf. My tale is true, it is one off the top of my head, from that place where people's dreams hideout. I ask you to believe me. (*A tale off the top of my head* 2014 : 29)

Dans la traduction anglaise de la première phrase de cet extrait, le parallélisme syntaxique (*dans ce qui reste / avec ce qui reste*) disparait, remplacé par une plus faible répétition de *the ashes*. La paronomase créée par le couple *manoir – mémoire*, qui associe de façon suggestive le lieu où Ari a passé toute sa vie à sa mémoire, est, elle aussi, affaiblie. On remarquera également l'effet d'écho qui lie dans la partie finale du passage les mots *vrai* et *plait*, qui à son tour disparaît, en rendant la version anglaise moins rythmique, ce qui est particulièrement évident si on écoute la lecture à voix haute de ce passage que le livre enrichi propose. Enfin, le choix de traduire le verbe *se nicher* par *hideout* appauvrit le texte sur le plan rhétorique. En effet, dans la version française, les rêves, personnifiés, habitent la mémoire du héros comme son manoir, en suggérant ainsi que tout le récit est une véritable rêverie poétique, comme le titre du livre par ailleurs l'annonce. Le verbe *hideout* sauvegarde la personnification, mais perd l'allusion au manoir conçu comme un nid, comme une tendre demeure d'enfance que le héros n'a jamais été capable de quitter, étant ainsi le premier responsable de son malheur et de la perte de son aimée.

La référence au titre et à la dimension de la rêverie poétique est également effacée par le choix de ce verbe.

Les appli-livres et les livres enrichis de notre corpus montrent bien que le traducteur ou la traductrice de la littérature numérique d'enfance doit savoir faire face aux mêmes défis que ceux posés par les textes littéraires imprimés : sa première tâche est donc de préserver leur complexité rythmique ainsi que leur valeur esthétique. Un défi qui en revanche se pose plus fréquemment dans la traduction de la littérature numérique d'enfance est la reproduction de l'« icono-lettre » de ces textes, à savoir de la synergie profonde qui s'instaure entre le texte et les images/animations. De ce point de vue, le corpus que nous avons examiné offre plusieurs exemples d'affaiblissement traductif de la cohérence de l'« icono-letre » du texte de départ. Nous proposerons maintenant quelques exemples de ces déformations que nous appellerons « sémio-traductives ».

Le premier est encore une fois tiré du livre enrichi *Conte du haut de mon crâne*. Quand le héros, Ari, se présente, il dit : *Je fus un enfant bizarre, un drôle de zèbre, une créature* (2014 : 9). L'expression *drôle de zèbre*, qui décrit un individu étrange, bizarre, un peu hors norme, anticonformiste, est reprise, de façon ironique, dans l'animation, où Ari est représenté de dos, avec une queue de zèbre. Le dialogue texte-image renforce l'emploi de métaphores animales qui définit tous les personnages de ce récit. En effet, la mère d'Ari, qui l'aime et le protège avec force et tendresse, est comparée à une lionne (*Elle peignait très bien, toujours un pinceau pour retenir ses longs cheveux roux, reflets rouges dans la crinière de Mercy*, 2014 : 13). Si la meilleure amie d'Ari est une louve, Nimis, qui est présentée dès le début du récit comme son animal-guide, le père est, quant à lui, comparé à un chien, dont la tâche est de veiller et de protéger sa famille. La comparaison est explicitée dans l'extrait suivant, où Ari décrit les étranges réunions familiales avec son père, sa mère et Nimis dans le bois pour écouter des concerts de silence, par l'emploi de l'expression *entre chien et loup* : *Otto Arx-Sorensen adorait le silence. [...] Nous fermions les yeux pour écouter le silence. [...] Je me souviens de cette assemblée étrange, assise sous les arbres, entre chien et loup. Nimis près de moi, je n'avais peur de rien* (2014 : 12).

L'expression *entre chien et loup* est ici employée pour faire allusion d'une part à la présence du père Otto et de la louve Nimis, mais d'autre part aussi avec sa signification figée indiquant la fin de la journée. Ainsi, la métaphore filée tend à présenter la famille comme un troupeau, et elle est construite de façon cohérente aussi bien au niveau textuel qu'iconique. En effet, à la page 12 on voit d'abord Ari, Otto, Mercy et Nimis assis en cercle parmi les arbres. En appuyant sur l'image, une animation s'active, au bout de laquelle on voit seulement les cimes des arbres du bois dominés par l'image d'un chien et d'une louve qui se regardent à la tombée du jour, symbolisant Otto et Nimis veillant leur famille pendant la nuit (voir les deux captures d'écran des figures 4.1 et 4.2, qui reproduisent le début et la fin de l'animation).

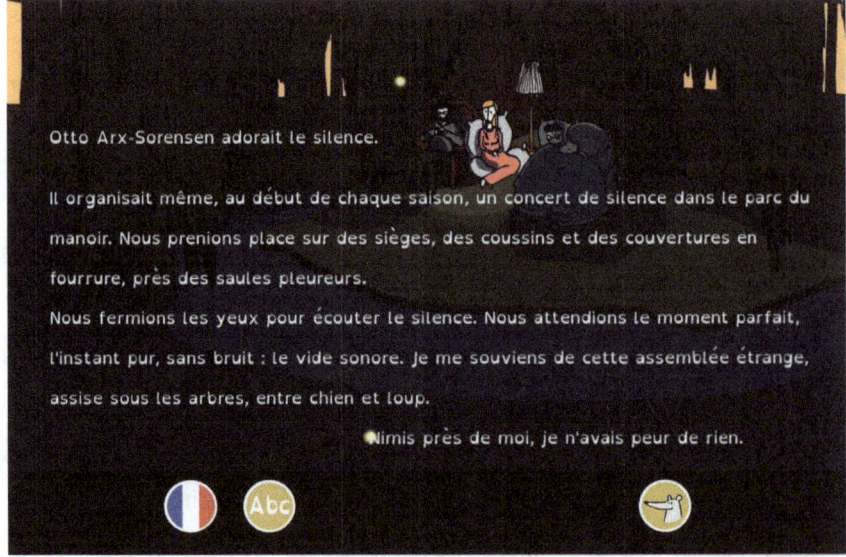

Figure 4.1. © *Conte du haut de mon crâne,* écrit par Séverine Vidal et illustré par Claire Fauché, La Souris Qui Raconte, 2014.

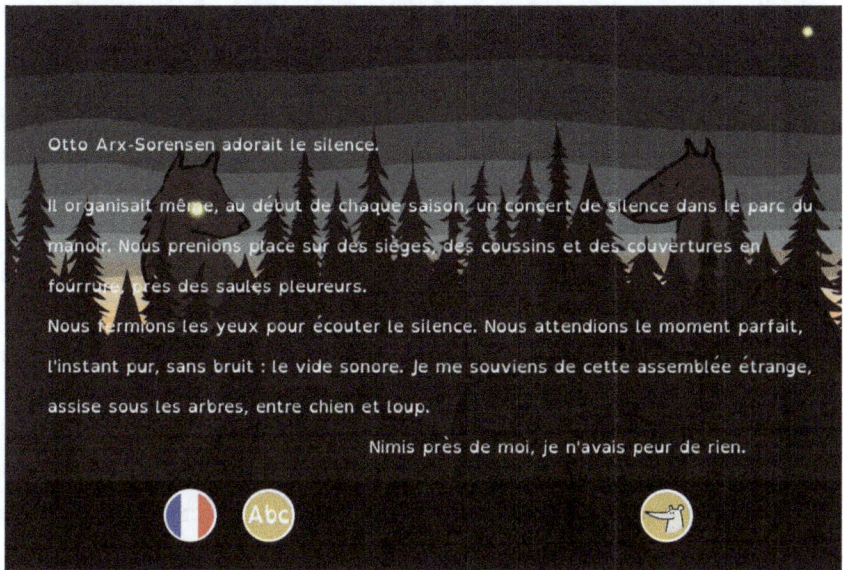

Figure 4.2. © *Conte du haut de mon crâne,* écrit par Séverine Vidal et illustré par Claire Fauché, La Souris Qui Raconte, 2014.

La métaphore filée que l'on vient de décrire est un trait saillant de l'« icono-lettre » de ce livre enrichi, qui est effacé dans la traduction anglaise, comme le confirment les trois extraits suivants. En effet, *drôle de zèbre* est traduit par *oddball*, un adjectif relevant d'un registre familier qui indique tout simplement un individu étrange et bizarre ; Mercy perd sa *crinière* en anglais et n'a que des *long red hair* ; enfin, l'anglais *twilight* ne traduit que le sens de l'expression figée dont le potentiel iconique est très bien exploité dans la version française.

Je fus un enfant bizarre, un drôle de zèbre, une créature. (2014 : 9)

I was an unusual child, an oddball, a bit of a critter. (2014 : 9)

Elle peignait très bien, toujours un pinceau pour retenir ses longs cheveux roux, reflets rouges dans la crinière de Mercy. (2014 : 13)

She could paint very well, always, with a paintbrush holding her long red hair up. (2014 : 13)

Otto Arx-Sorensen adorait le silence. [...] Nous fermions les yeux pour écouter le silence [...]. Je me souviens de cette assemblée étrange, assise sous les arbres, entre chien et loup. Nimis près de moi, je n'avais peur de rien. (2014 : 12)	Otto Arx-Sorensen loved silence. [...] We would close our eyes so we could listen to the silence. [...] I can remember those particular gatherings underneath the trees at twilight. With Nimis by my side, I was afraid of nothing. (2014 : 12)

Les textes de notre corpus sont souvent caractérisés par une « icono-lettre » ludique : ils sont très riches en jeux de mots verbaux ou verbo-iconiques. Or, la traduction des jeux de mots est l'un des plus gros défis traductifs, ceux-ci comportant un travail aussi bien sur la forme que sur le sens des mots qui, dans un texte littéraire numérique, est souvent associé à des animations ou à des images interactives. La préservation de cette complexité sémiotique exigerait non seulement une recréation verbale, mais aussi « paratraductive », et donc une intervention au niveau du « retrotexte » afin de recréer l'illustration ou l'animation. Toutefois, les traducteurs et traductrices numériques n'ont pas toujours la possibilité d'agir au niveau du « retrotexte » des appli-livres et des livres enrichis qu'ils ou elles traduisent, ce qui détermine des incohérences. Notre corpus offre différents exemples de ces « déformations sémio-traductives » : le suivant est tiré de l'appli *Thibaut au pays des livres* (2012). L'histoire raconte d'un enfant appelé Thibaut (Thomas dans la version anglaise) qui se perd dans une bibliothèque et commence un voyage extraordinaire dans des classiques de la littérature d'enfance, par exemple *Le petit chaperon rouge* ou *Alice au Pays des Merveilles*. La narration joue souvent avec les mots, et le héros se met à consulter un dictionnaire, où il découvre un mot essentiel pour comprendre le conte qu'il est en train de revivre : *loup*. Dans la version française le binôme *loup-loupe* est présent sur la page-écran, et quand le lecteur ou la lectrice appuie sur l'image une loupe apparait, en invitant l'enfant à découvrir un objet nouveau par le biais de la paronomase qui associe les deux mots. Ce jeu de mot n'a pas été reproduit dans la version anglaise, ni remplacé par un autre jeu de mot. La loupe apparait néanmoins à l'écran, mais l'animation perd la cohérence qu'elle a dans la version française.

L'« icono-lettre » du livre enrichi *Il suffit parfois d'un cygne* (2014) est caractérisée par la présence de plusieurs jeux de mots qui relèvent du champ de l'ornithologie. Dans les images et les animations de ce livre enrichi, plusieurs oiseaux sont représentés, mais de façon stylisée, ce qui rend la tâche de leur recréation en anglais plus aisée. Le titre contient déjà un premier jeu de mots, qui exploite l'homophonie entre *cygne* et *signe*. En effet, le livre enrichi raconte une histoire d'amour entre deux enfants : la fille, qui s'appelle symboliquement Colombe (Dove dans la version anglaise), est très réservée et ne parle avec presque personne. Cependant, un jour elle manifeste son intérêt pour le héros, Balthazar, en lui offrant un petit *cygne* en papier, qui devient aussi le *signe* de leur amour en train de s'épanouir. La traduction anglaise du titre, *The one swallow that did make a spring*, est efficace, car elle joue sur une expression figée qui contient la référence à un oiseau. Les métaphores et les similitudes qui comparent les personnages à des oiseaux foisonnent dans ce livre enrichi, et ce titre annonce déjà que Colombe sera précisément l'oiseau qui apportera l'amour (métaphoriquement le printemps) dans le cœur du héros. Colombe remplit ainsi le vide laissé par l'absence et l'incapacité d'aimer de la mère de Balthazar, car celle-ci, comme le père ornithologue l'explique, « est une mère hirondelle, [...] elle ne fait pas le printemps et part pour des endroits plus chauds, roucouler ailleurs. Quelquefois, il soupire que c'est une maman coucou, qui couve d'autres œufs dans un nid qui n'est pas le sien » (2014 : 5).

La métaphore filée créée par toutes ces références au monde des oiseaux alimente tous les jeux de mots enrichissant le tissu textuel. La traductrice ou le traducteur (qui, dans ce cas aussi, n'est pas mentionné.e dans les crédits) a réalisé un travail de recréation de ces jeux qui est en général bien réussi, même si dans certains cas des formes d'entropie traductive appauvrissent la version anglaise. Dans l'exemple suivant, les jeux de mots exploitent des expressions qui sont liées au monde des oiseaux :

| Elle [la maîtresse] dit souvent :
« Balthazar, tu es une vraie tête de linotte ! Et arrête de bayer aux corneilles ! ».
Je voudrais dire quelque chose, mais je ne pépie mot. (2014 : 8) | She often says :
"Balthazar, you are a true scatterbrain. And stop gaping like a hungry fledgeling, will you?".
I'd like to say something but I can't utter a tweet. (2014 : 8) |

Linotte est employé ici pour faire référence à ce type d'oiseau, mais aussi avec son sens figuré, dans l'expression *tête de linotte*. De façon similaire, la référence à la *corneille* exploite l'expression figée *bayer aux corneilles*, et enfin *pépier*, qui indique au sens propre le cri de l'oiseau, est employé ici avec le sens de parler de façon incessante, avec volubilité, de choses futiles. La traduction anglaise dans ce cas ne préserve qu'en partie la métaphore filée : *scatterbrain* est simplement une personne qui a la tête dans la lune ; le choix de *to gape like a fledgeling* et *tweet* est en revanche plus faible sur le plan rhétorique, mais préserve au moins la référence au monde des oiseaux. Dans le passage suivant, Balthazar indique Colombe à son grand-père, qui est venu le chercher à l'école. Dans ce cas, la traduction a bien préservé la richesse rhétorique du texte source : le mot *caille* en français est employé pour indiquer avec affection une jeune fille, tout comme *chick* en anglais indique aussi bien l'animal que la jeune fille dans un registre de langue familier :

| Il a eu un sourire en coin et a dit : « voilà une jolie petite caille ». (2014 : 15) | He half-smiled and said, "That's a pretty little chick we have here". (2014 : 15) |

Dans l'extrait suivant, nous remarquons encore une fois la tentative de préserver la référence au monde des oiseaux, car l'expression *sourire de mouette rieuse* est traduit par *joyful lark*. Le traducteur ou la traductrice a choisi dans ce cas d'éviter le mot *seagull* qui aurait limité à une traduction littérale, ayant préféré la référence à un autre oiseau, *lark*, qui renvoie à l'expression figée *happy as a lark* :

| Elle a souri. Un vrai sourire de mouette rieuse. Elle a pris ma main, et j'ai senti que cette nuit, les corbeaux ne reviendraient pas. (2014 : 27) | She smiled like a joyful lark, breaking into song. She took my hand and I knew that tonight the crows would not be back. (2014 : 27) |

Il suffit parfois d'un cygne montre bien que la traduction littéraire numérique, comme celle des textes littéraires imprimés, exige un travail de réécriture équilibré. En traduisant cet appli-livre, le traducteur ou la traductrice a fait un effort remarquable pour préserver le caractère ludique de l'« icono-lettre » du texte source, même si des entropies traductives ont été inévitables. La nature stylisée des images et des animations a sûrement aidé ce travail de réécriture en langue cible. En général, l'emploi d'un code iconique stylisé peut être considéré comme une ressource pour faciliter la publication de ces produits littéraires numériques en version multilingue, car, comme le confirme Evans, « the use of multimodality in the form of images reduces the need for translation »

(2013 : 28). D'autres appli-livres de notre corpus, par exemple *Cache-cache ville* (2017), *Oh !* (2016) ou *Avec quelques briques* (2014), exploitent le potentiel interlinguistique d'images stylisées associées à un texte verbal très réduit d'un point de vue quantitatif. Un phénomène de « leveraging » oriente ainsi parfois la conception de ces produits numériques : comme l'explique Nadiani, les éditeurs ou les éditrices les plus attentif.ve.s réduisent autant que possible les spécificités linguistiques et culturelles en pré-adaptant le « retrotexte » pour que le processus de localisation puisse être rapide et pas cher (2007 : 192).

Un exemple très intéressant de ce point de vue est le *silent book* défilant *Boum !* (2015), dans lequel seules les animations et les couleurs racontent l'histoire. Les couleurs y sont employées avec une valeur symbolique qui est la même dans les deux langues de l'appli-livre, le français et l'anglais : le récit joue d'abord sur le noir et le blanc, symbolisant la monotonie de la vie quotidienne ainsi que le malheur et l'ennui du héros – un employé qui un matin sort de chez lui pour se rendre au travail. En plein air, il découvre progressivement les couleurs de l'existence, ainsi le bleu, le jaune, le vert et le rouge commencent à teinter les images. C'est grâce au contact avec un petit être étrange rencontré pendant sa promenade que le héros sera sauvé de la tristesse de son bureau, qui dans la scène finale explose en un triomphe de couleurs (d'où le « boum » du titre de l'appli-livre). Les images sont associées à des sons et à des bruits, qui sont identiques dans la version française et anglaise. A un certain moment, on entend aussi des extraits d'une chanson et d'une émission de radio françaises. Ces passages ne sont ni adaptés ni traduits dans la version anglaise de l'appli-livre, non seulement pour ne pas perdre l'environnement géographique de l'histoire, mais peut-être aussi parce que ce *silent book* s'adresse tant à un public d'enfants qu'à un public de jeunes adultes. En effet, même si l'App Store en conseille la lecture à partir de 4 ans, la richesse symbolique de l'« icono-lettre », ainsi que ce choix de traduction, préfigurent un public plus âgé, l'histoire racontée étant plus proche de l'expérience existentielle de l'adulte que de celle de l'enfant.

Un travail – et des frais – supplémentaires au niveau « paratraductif » sont en revanche nécessaires quand des illustrations ou des animations contiennent du texte qui se superpose à l'image. Un exemple intéressant de ce point de vue est offert par l'appli-livre *La grande fabrique des mots* (2010), pour lequel un excellent travail de localisation a été fait. Voici l'exemple d'une page-écran interactive proposant une activité ludique bien adaptée en anglais :

Figure 4.3. © *La grande fabrique des mots,* écrit par Agnès de Lestrade et illustré par Valeria Docampo, Mixtvision Verlag, 2010.

Figure 4.4. © *La grande fabrique des mots,* écrit par Agnès de Lestrade et illustré par Valeria Docampo, Mixtvision Verlag, 2010.

La non « paratraduction » des images interactives ou des animations est par ailleurs souvent responsable de « déformations sémio-traductives » affaiblissant la synergie de l'« icono-lettre » de la version française. Un autre exemple est offert par *Thibaut au pays des livres* (2012). En revivant l'histoire du *Petit chaperon rouge*, le héros trouve dans le dictionnaire les mots *forêt* et *chemin* : si l'on appuie sur ce dernier, il apparaît à l'écran en jaune. Ainsi, le mot se présente à la vue par deux fois : en noir, en bas à gauche, et au milieu de l'écran, en jaune, après la manipulation de celui-ci. L'illustration reste néanmoins identique dans la version anglaise : le mot *chemin* en noir sur le fond de l'image y est associé au mot *path*, qui apparait à l'écran si le lecteur ou la lectrice appuie sur celui-ci. Un court-circuit linguistique est ainsi déterminé par la coprésence des mots *chemin* et *path*.

Dans les versions anglaises des appli-livres *Ogre doux* (2012) et *Bleu de toi* (2012), la non « paratraduction » des images et des animations, associée au recours à l'adaptation, affaiblit le « rythme numérique » produit par l'« icono-lettre » du texte source. Comme l'auteur l'explique dans la préface au texte, *Bleu de toi* est « une histoire d'amour » écrite pour sa fille. C'est une « promenade semée de mots, de couleurs et de sons. Il suffit de partager les émotions qui surgissent avec tous ceux que l'on aime » (Maes 2012 : 1). Adoptant la technique du croquis, Dominique Maes, un célèbre illustrateur belge, a dessiné en bleu toutes les images, qui ont ensuite été scannées et animées. Certaines images peuvent être découvertes en touchant ou en faisant défiler l'écran, ou encore en manipulant l'iPad. La dernière page est un exemple intéressant des animations de l'appli-livre (voir la capture d'écran ci-dessous) : tous les personnages de l'histoire continuent de traverser la page-écran, afin de rappeler aux lecteurs et lectrices tous les êtres qui ont aidé l'auteur à raconter son amour à sa fille. Ce flux continu peut être interrompu pendant un certain temps, si l'on touche l'écran, mais il reprend ensuite et semble être sans fin. Cette « unité sémiotique de mouvement » est appelée par Saemmer « trajectoire inexorable » : elle est « non délimitée dans le temps, à phase unique, présentant une évolution linéaire ». Ses significations sont liées à l'idée de naissance, de cohérence naturelle, de présence rassurante (Saemmer 2011 : en ligne). Ainsi, cette « unité sémiotique » renforce les sentiments associés à l'affection paternelle, les rendant plus facilement perceptibles pour les lecteurs et lectrices français.e.s.

Figure 4.5. © *Bleu de toi*, écrit, illustré et mis en musique par Dominique Maes, CotCotCot éditions, 2012.

La couleur dominante de l'application est le bleu, et tous les textes associés aux images et aux animations sont bleus, comme le montre la capture d'écran. Le titre de l'application est également bleu et attire immédiatement l'attention sur cette couleur. En effet, « être bleu de quelqu'un » est une expression belge qui signifie être fou amoureux de quelqu'un. Maes s'est inspiré de l'interprétation littérale d'une expression idiomatique, qui est devenue la source de sa création. Ainsi, la couleur bleue renforce l'expression de l'amour de Maes pour sa fille : les textes verbaux et iconiques sont profondément synergiques.

Bleu de toi est un exemple excellent de ce que Benveniste (2012) appelle une langue « iconisée » (2012). Comme l'affirme le linguiste dans son étude sur la langue de Baudelaire, complémentaire de la réflexion développée dans ses *Dernières leçons au Collège de France* (2012), quand le langage s'iconise, les mots « reprodui[sent] d'aussi près que possible l'impression 'pathétique' » (Benveniste 2011 : f° 55) éprouvée par le créateur.

L'« icono-lettre » de l'appli-livre, comme Benveniste le confirme, « veut NOUS faire éprouver [l']expérience émotionnelle » de Maes (2011 : f° 13) : l'auteur nous fait partager son « intenté émotif » (Benveniste 2011 : f° 2). Le texte verbal, lu par Maes, les images et les animations bleues ainsi que la musique créée par l'auteur produisent la « lettre » plurisémiotique de cet appli-livre, qui est la forme multimodale unique de son énonciation numérique.

La traduction de cette *copia* sémiotique est une tâche difficile. La traductrice a choisi de conserver le bleu, peut-être sans tenir compte du fait que la signification de la couleur est culturellement connotée dans ce cas (Amadò 2007 : 17). Mais « to be blue » en anglais signifie être triste : le sentiment dominant véhiculé par la traduction est complètement différent de celui que Maes voulait décrire et partager avec ses lecteurs et lectrices[55]. La couleur dominante dans l'appli-livre anglais, dont le titre est *All my love*, aurait dû être le rouge, mais la traductrice n'a peut-être pas pu intervenir au niveau du « retrotexte », et a par conséquent gardé la couleur originaire des images, avec une inévitable entropie traductive.

Dans cet appli-livre, en outre, des hyperliens font de la lecture une véritable exploration. Lorsque les lecteurs ou lectrices atteignent la page 11, ils se retrouvent par exemple dans une bibliothèque. En touchant les livres sur la table, des « kinégrammes » (Sammer 2015 : 146) sont activés, qui permettent de lire des extraits de ces livres (voir fig. 4.6). L'un de ceux-ci propose au lecteur ou à la lectrice d'écrire sa propre histoire, en utilisant son compte personnel, afin de la stocker parmi les autres contes de cette bibliothèque. Quatre autres livres, une fois ouverts, révèlent des extraits de contes de fées célèbres : *Le nain jaune* de Mme D'Aulnoy ; *Riquet à la houppe*, de Charles Perrault ; *Tom pouce* des frères Grimm, et *Les souliers rouges* de Christian Andersen. Les extraits cités sont un hommage à une littérature d'enfance connue au niveau

---

[55] Il est nécessaire ici de préciser que, pour les anglophones comme pour les francophones non belges, la couleur bleue peut avoir aussi des connotations négatives, par exemple dans les expressions *avoir les bleus* ou *avoir une peur bleue*. L'interprétation correcte de la valeur de la couleur dans l'ouvrage français doit ainsi tenir compte de cette variation diatopique du français, et confirme l'importance du contexte iconique et textuel pour interpréter de façon appropriée le fonctionnement de l'« icono-lettre » d'un ouvrage littéraire numérique.

international. Dans les deux premiers cas, les textes français sont originaux, dans les autres, des traductions françaises en sont proposées. Ces mêmes extraits, une fois traduits ou adaptés, sont présents dans la version anglaise de l'appli-livre.

Dans cette même bibliothèque, les lecteurs et lectrices découvrent aussi un escalier utilisé par des souris pour atteindre les livres cachés dans les étagères supérieures, comme le montre la capture d'écran suivante :

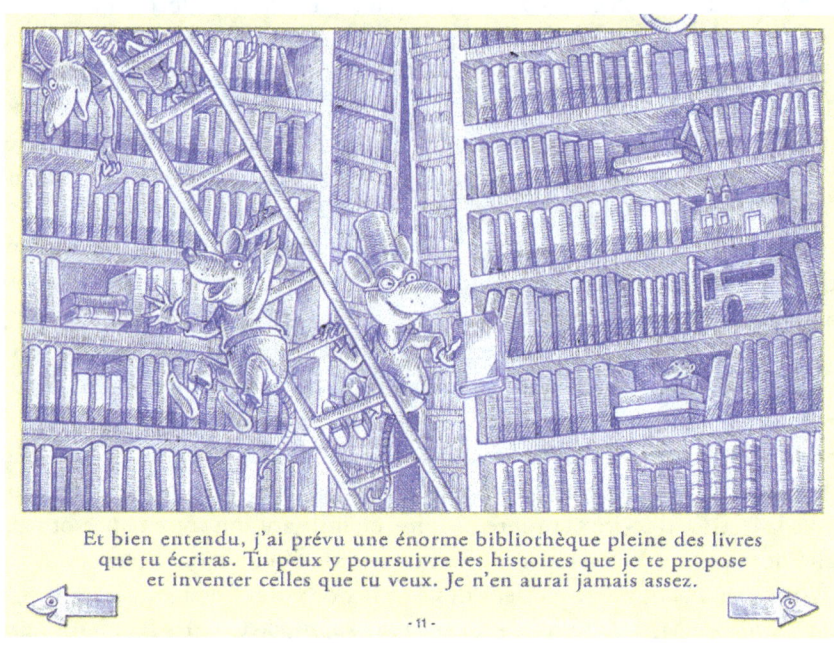

Figure 4.6. © *Bleu de toi*, écrit, illustré et mis en musique par Dominique Maes, CotCotCot éditions, 2012.

La référence visuelle humoristique à l'expression française « rat de bibliothèque », pour laquelle l'équivalent anglais serait « bookworm », est bien sûr incompréhensible pour le public anglophone. Dans ce cas aussi, une adaptation de l'image aurait été nécessaire. Le livre entre les pattes de la petite souris qui se trouve au milieu de la page-écran s'ouvre après avoir été touché, comme les autres livres, et présente un autre extrait à lire, intitulé *La poste* par Albus Camert (voir la fig. 4.7).

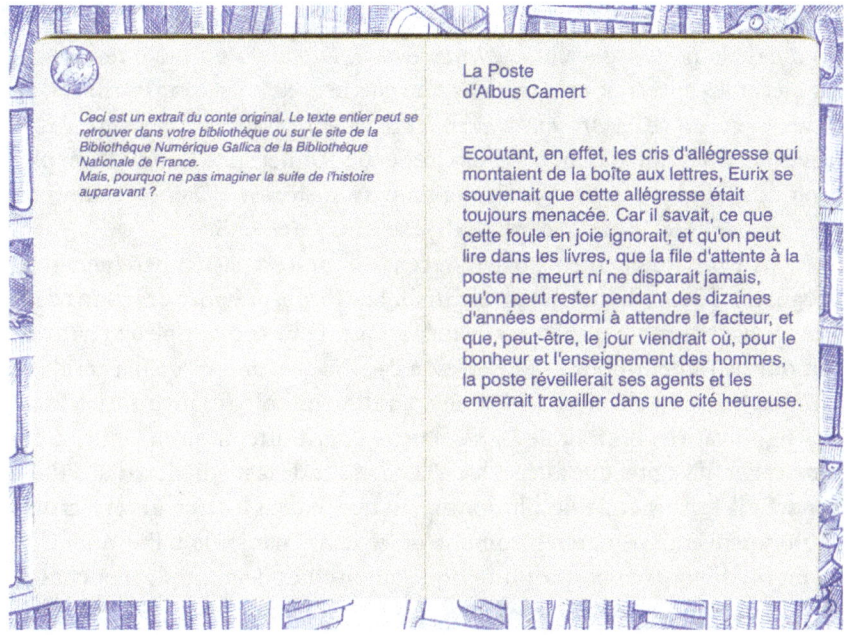

Figure 4.7. © *Bleu de toi*, écrit, illustré et mis en musique par Dominique Maes, CotCotCot éditions, 2012.

Les lecteurs et lectrices adultes francophones se rendront fort probablement compte que le titre et le nom de l'auteur sont une référence cachée à *La peste* d'Albert Camus, et que le texte est une longue citation manipulée, dans un style oulipien, de cet extrait :

> Ecoutant, en effet, les cris d'allégresse qui montaient de la ville, Rieux se souvenait que cette allégresse était toujours menacée. Car il savait ce que cette foule en joie ignorait, et qu'on peut lire dans les livres, que le bacille de la peste ne meurt ni ne disparaît jamais, qu'il peut rester pendant des dizaines d'années endormi dans les meubles et le linge, qu'il attend patiemment dans les chambres, les caves, les malles, les mouchoirs et les paperasses, et que, peut-être, le jour viendrait où, pour le malheur et l'enseignement des hommes, la peste réveillerait ses rats et les enverrait mourir dans une cité heureuse[56].

---

[56] Camus, Albert, *La peste*, Paris, Gallimard, coll. « La Pléiade », 1962, p. 1474.

Rieux, le protagoniste du livre de Camus, est rebaptisé Eurix par Maes ; « le bacille de la peste » devient *la file d'attente à la poste*. « La peste réveillerait ses rats et les enverrait mourir dans une cité heureuse » se transforme en *La poste réveillerait ses agents et les enverrait travailler dans une cité heureuse*. Ainsi, la présence des souris dans cette bibliothèque acquiert une signification plus profonde, et peut-être plus drôle. La fin pessimiste de *La peste* de Camus est réécrite par Maes afin d'être plus adaptée à un jeune public.

Nous avons longuement analysé cet extrait car il est particulièrement intéressant d'un point de vue sémio-discursif. En effet, la présence des souris dans l'image acquiert une signification allégorique. Leur couleur bleue réaffirme l'amour de l'auteur pour sa fille : c'est à cause de cet amour qu'il a écrit une fin plus heureuse du livre de Camus. La dimension spatiale est également très significative : l'extrait de *La poste* ne peut être atteint qu'en empruntant un escalier. Il s'agit d'une allégorie de la nécessité de la médiation d'un adulte pendant la lecture et d'une allusion au fait que seul.e.s les lecteurs et lectrices adultes peuvent saisir l'effet ironique de ce texte manipulé[57]. Enfin, *Bleu de toi* est un discours poétique numérique qui produit de multiples couches de sens : la réécriture de l'histoire de Camus est aussi une mise en abîme du processus créatif de l'application elle-même. À travers cette dimension métanarrative, Maes souhaite instaurer une filiation explicite entre son appli-livre et la littérature imprimée, réaffirmant ainsi son appartenance à une longue tradition littéraire.

Qu'en est-il de la version anglaise ? Les significations plurisémiotiques et métanarratives de cette page sont effacées. Au public de langue anglaise on propose une traduction de 1781 par Robert Samber et J. E. Mansion (George G. Harrap & Co. Ltd) d'un extrait d'un autre conte de Perrault, *Barbe bleue*. La stratégie d'adaptation partielle choisie détermine une évidente entropie traductive, car les significations plurisémiotiques et métanarratives complexes caractérisant l'« icono-lettre » » de *Bleu de toi* sont perdues. Pour un.e adulte comme pour un.e enfant, la lecture devient moins humoristique et moins stimulante : un travail de recréation d'un extrait de la version anglaise de *La peste* aurait peut-être pu assurer le même plaisir de la lecture aux destinataires

---

[57] Nous avons ainsi un.e « double destinataire » dans cet appli-livre, d'une part l'enfant et d'autre part l'adulte médiateur.trice. Ce double adressage est un trait que cet appli-livre partage avec les albums illustrés imprimés (Van der Linden 2006 : 29).

anglophones ainsi qu'une plus grande cohérence de l'« icono-lettre » du texte traduit.

L'appli-livre *Ogre-doux* (2012) raconte l'histoire d'une amitié entre un ogre et une jeune fille, tous deux passionnés de littérature et de poésie. En lisant ou en écoutant l'histoire, on découvre que chacun est, pour l'autre, le personnage d'un conte. Ainsi, ils ne seront amis que pendant leur enfance, mais lorsqu'ils grandiront, leur amitié finira. Une fois adultes, ils perdront leur pureté d'enfants, et la rose éphémère, qui symbolise dans ce livre leur amitié, se flétrira et mourra. L'image symbolique de cette fleur est répétée tout au long de l'application et crée un rythme à la fois verbal et iconique. Au niveau visuel, elle se retrouve dans de courtes animations qui enrichissent l'histoire et accompagnent le texte verbal (voir par exemple, la capture d'écran ci-dessous). En outre, elle est associée à des citations de *Mon amie la rose* de Françoise Hardy, une chanson de 1965 sur la nature éphémère de la beauté et de l'existence humaine. Enfin, cette fleur évoque le célèbre conte *Le petit prince* de Saint-Exupéry, et plus précisément l'amitié entre le petit prince et sa rose. La spécificité de l'« icono-lettre » d'*Ogre doux* est ainsi déterminée par ce dense réseau intertextuel associant des textes verbaux et iconiques.

Figure 4.8. © *Ogre doux*, par Cathy Dutruch, illustré par Juliette Lancien, La Souris Qui Raconte, 2012.

La présence symbolique de la rose est extrêmement significative dans cette histoire et elle devait être préservée dans la traduction, tant au niveau textuel qu'iconique. Dans la version anglaise, on n'a pas modifié les images ou les animations. En effet, elles ne posent pas de problèmes au niveau interculturel, puisqu'elles jouent notamment sur l'image stylisée de la rose et sur des couleurs n'ayant pas de valeur symbolique (à l'exception du noir et du blanc qui font allusion, en français comme en anglais, au pouvoir de l'écriture littéraire). Nous avons donc dans ce cas un exemple intéressant, situé aux antipodes de celui offert par *Bleu de toi*, de cette « homogénéisation » iconique et chromatique remarquée par Yokota (2018 : 84), visant à réduire autant que possible des incohérences lors d'un transfert « paratraductif ».

Au contraire, le texte verbal a été adapté dans la version anglaise : les références à la chanson de Françoise Hardy, probablement inconnues à de jeunes lecteurs et lectrices de langue anglaise, ont été remplacées par des références au célèbre monologue de Juliet sur la rose dans *Romeo and Juliet*. Ce monologue est un véritable hymne à la poésie et à son pouvoir de nommer et de révéler la nature des êtres humains. L'extrait a été choisi par la traductrice car il est tellement célèbre qu'il sera fort probablement reconnaissable par le lectorat anglophone, même très jeune. Quelques vers de ce monologue sont répétés tout au long de l'appli-livre, comme une sorte de refrain comparable à celui de la chanson de Françoise Hardy, qui revient tout au long du texte français. Ainsi, la traduction garde sa cohérence au niveau verbal et iconique, et la réflexion métapoétique sur la littérature et la poésie, essentielle dans *Ogre doux*, est recréée dans la version anglaise. Cependant, la culturalité du texte de départ a été effacée, car on a perdu toute référence à la chanson de Françoise Hardy et au *Petit prince*. De façon similaire, la richesse rythmique et prosodique du texte source n'a pas toujours été préservée (les allitérations, les effets d'échos, les rimes sont affaiblis, quelques jeux de mots perdus)[58].

---

[58] On lira, pour une analyse plus approfondie de la traduction d'*Ogre doux*, l'article suivant de l'autrice : « L'appli-livre : un nouveau défi traductif pour la traduction de la littérature pour l'enfance », *Traduire pour la jeunesse dans une perspective éditoriale, sociale et culturelle*, numéro spécial d'*Equivalences* coordonné par Adele D'Arcangelo, Chiara Elefante et Roberta Pederzoli, vol. 46, n. 1-2, 2019, p. 105-128. Pour une comparaison entre la traduction d'*Ogre doux* et celle de *Bleu de toi*, on renvoie en revanche à notre étude « Translating the Book App's icono-letter », *Translation and Translatability in Intersemiotic Space*, special issue of *Punctum. International Journal of Semiotics*, edited by Evangelos

Cet appauvrissement n'est pas négligeable pour un texte pensé pour être lu à voix haute, l'appli-livre offrant l'option « lis pour moi » aussi bien dans la version française qu'anglaise.

4.3. La traduction littérale d'une « icono-lettre » immersive destinée à un public de jeunes adultes

Les appli-livres et les livres enrichis pour jeunes adultes examinés montrent que la traduction de la littérature numérique pose les mêmes problèmes que ceux inhérents aux textes littéraires imprimés, « augmentés » (Nadiani 2007 : 192) par la présence des images et des animations. Celles-ci sont néanmoins souvent conçues, aussi dans ce cas, pour pouvoir fonctionner dans des produits offerts au public au moins en version bilingue français-anglais. Le « leveraging » est par exemple particulièrement évident dans l'appli-livre pour jeunes adultes *Phallaina* (2016). Dans cette bande dessinée défilée en noir et blanc, les illustrations ont été réalisées pour ne pas poser de problèmes de localisation, le texte écrit à l'intérieur de la case-cadre étant souvent réduit à une représentation stylisée, comme les deux exemples de la fig. 4.9 et 4.10 le montrent. Quand du texte est présent dans la case-cadre en dehors de la bulle, l'image est en revanche adaptée dans la version anglaise, comme les captures d'écran des figures 4.11, 4.12, 4.13, 4.14 le confirment. Ce type d'adaptation est par ailleurs une stratégie fréquente dans la traduction de la bande dessinée (Celotti 2012) : de ce point de vue, la traduction d'une bande dessinée numérique n'est pas différente de celle d'une BD imprimée. En ce qui concerne les figures de rhétorique numériques, qui produisent des effets de lecture immersive, elles n'ont pas exigé de recours à l'adaptation, puisqu'elles exploitent le mouvement d'images qui sont elles aussi stylisées.

Kourdis and Susan Petrilli, vol. 6, n. 1, 2020, p. 15-38, online: https://punctum.gr/volume-06-issue-01-2020-translation-and-translatability-in-intersemiotic-space/.

Figure 4.9. © *Phallaina*, écrit et illustré par Marietta Ren, Small Bang, 2016.

Figure 4.10. © *Phallaina*, écrit et illustré par Marietta Ren, Small Bang, 2016.

Figure 4.11. © *Phallaina*, écrit et illustré par Marietta Ren, Small Bang, 2016.

Figure 4.12. © *Phallaina*, écrit et illustré par Marietta Ren, Small Bang, 2016.

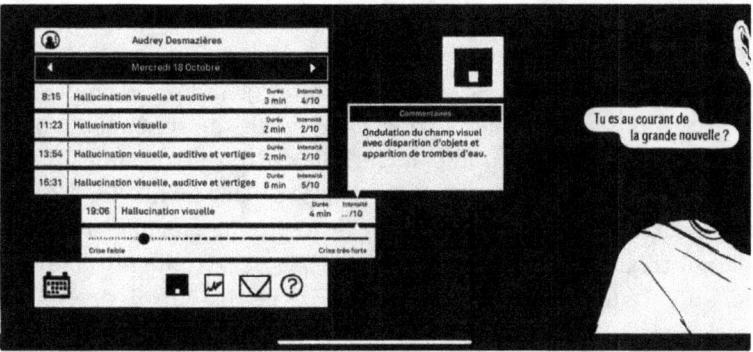

Figure 4.13. © *Phallaina*, écrit et illustré par Marietta Ren, Small Bang, 2016.

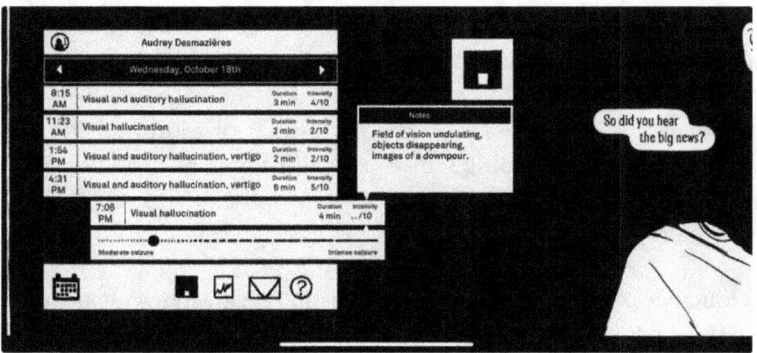

Figure 4.14. © *Phallaina*, écrit et illustré par Marietta Ren, Small Bang, 2016.

En ce qui concerne la traduction du code verbal, les stratégies mobilisées préfigurent un.e destinataire adolescent.e ou adulte. Les anthroponymes sont par exemple transcrits, pour préserver la nationalité française des personnages. Les toponymes sont, quant à eux, absents. En effet, l'histoire se déroule en dehors de l'espace et du temps, dans une sorte de non-lieu inspiré par l'existence même des êtres mythologiques appelés les Phallainas. Leur représentation graphique évoque l'iconographie de la Grèce classique, imprégnant ainsi l'histoire d'une aura symbolique. L'héroïne, Audrey, est soupçonnée d'être elle aussi une Phallaina, en raison de sa capacité extraordinaire de faire des apnées. Presqu'un personnage du mythe, héritière de ces êtres mythologiques mi-humains mi-baleines, elle vit entre deux langues : elle est française, mais, comme son prénom l'indique et puisqu'elle est traductrice littéraire, elle est constamment projetée vers une autre langue, l'anglais.

L'appli-livre *Phallaina* est en outre caractérisé par une grande variété de registres et par une mimésis de l'oral typique du genre de la bande dessinée (Celotti 2012). Le registre est parfois standard, quand par exemple Audrey parle avec Monsieur Chaillet, le docteur qui suit son traitement au centre Néréis, mais devient plus familier quand elle s'adresse à son amie Cassandre. Dans certains passages, les personnages ont recours aussi à des expressions populaires, voire vulgaires : cette variété de registres est régulièrement préservée dans la traduction anglaise, afin de garder la richesse linguistique du texte de départ et l'effet de réalisme qui caractérise les discours des personnages. On observera, à titre d'exemple, la traduction de l'extrait suivant :

-Putain, je suis trop à la bourre… […] Les recherches sur le physeter, c'est mal considéré à cause de ces connards de Whalemen. -Les Whalemen ? -C'est une bande de débiles qui ont foutu la merde à Néréis. Ils ont planté mon père. (2016 : n.p.)	Fuck, I'm really behind the schedule… […] Research on the physeter is poorly received, because of those Whalemen assholes. -Whalemen? -A bunch of morons who totally fucked up at Néréis. They bailed on my father. (2016 : n.p.)

Le traducteur parfois choisit même d'intensifier le caractère vulgaire et trivial du discours des personnages, comme les deux exemples suivants le montrent.

Ce choix confirme que le lecteur ou la lectrice « modèle » de la traduction n'est pas un.e enfant :

Mais le plus drôle dans tout ça, c'est que c'est toujours aux toilettes qu'il finit par trouver la solution. Ahahahah ! (2016 : n.p.)	But the funniest thing is that he always ends up finding the solution when he's taking a dump! Ahahahaha! (2016 : n.p.)
C'est justement ce qui m'énerve. Au fond de moi, je sais qu'il a raison. (2016 : n.p.)	That's exactly what pisses me off. Deep down, I know he's right. (2016 : n.p.)

Le livre enrichi *L'homme volcan* (2011) s'inspire du classique littéraire *Voyage au centre de la terre* : le héros, Germain, fasciné par ce livre ainsi que par les volcans, tombe dans l'un de ceux-ci et meurt au début du récit, pour revenir du royaume des morts hanter sa sœur Lisa sous les habits d'un fantôme. Les illustrations animées réalisées par Perrin ont une fonction décorative et redondante par rapport au code verbal. Leur présence favorise une expérience de lecture immersive en intensifiant l'ambiance macabre de l'histoire, sans pour autant poser de problèmes particuliers au niveau traductif. La synergie code verbal-animations, renforcée par la musique du groupe Dionysos, produit un « rythme numérique » lugubre et inquiétant.

Le traducteur anglais a préservé ce rythme, en essayant même de l'intensifier : au début du récit (scène 1, p. 5), par exemple, on parle d'une petite maison sur les branches d'un arbre où Germain allait se réfugier pour lire ses livres et ensuite les accrocher aux branches nues. Dans la version française ce refuge est appelé sa *maison à oiseaux suspendue*, tandis que le traducteur anglais traduit l'expression par *crow's nest*, en privilégiant ainsi l'hyponyme *crow*, qui intensifie l'ambiance macabre du passage, créée à la fois par la narration, la musique et l'illustration animée (scène 1, p. 6)[59].

---

[59] La lectrice ou le lecteur intéressé.e pourra se faire une idée de l'ambiance lugubre caractérisant le passage en regardant l'ullistration qui accompagne le texte disponible à l'adresse suivante : https://fredericperrin.com/2015/portfolio/pages/galleries/illustration/HommeVolcan_2_Prez2_Srvb_shoot-single.php.

Un exemple similaire se trouve page 11, scène 3, où Germain, désormais mort, revient en *fantôme* hanter sa sœur. Le mot est traduit en anglais par *ghoul*, un terme qui indique un esprit malveillant, une personne qui pille les tombes ou un démon maléfique censé manger les cadavres :

-Et pourquoi tu es venu me hanter moi ? -Parce que tu as des morceaux de cœur cassé dans ta tête et que tu es assez folle pour m'aimer pour ce que je suis devenu : un fantôme. (scène 3, p. 11)	"Why have you come back to haut me, then?" "Because you've got bits of broken heart in your head and you are looming enough to love me for what I am now: a ghoul". (scène 3, p. 10-11)

Nous avons également remarqué le recours à des micro-adaptations visant à préserver l'efficacité de la synergie entre code verbal et iconique produisant l'ambiance sombre et sinistre qui est le trait caractéristique de cet appli-livre. La dimension théâtralisée du récit, que le numérique rend possible, est mise en évidence par le fait même que l'histoire n'est pas divisée en chapitres, mais en « scènes » : comme dans la traduction d'une pièce de théâtre, le recours à l'adaptation est ainsi légitimé. Les deux extraits suivants offrent un exemple intéressant : pour redonner à Germain un aspect humain, Lisa prépare de la *pâte à crêpes* pour que, après la cuisson, elle puisse devenir une sorte de peau pour lui. Dans la version anglaise, la *pâte à crêpes* est remplacée par *pancakes*. L'illustration associée à ce passage[60] et représentant le jeune garçon après la « cuisson » reste identique dans les deux versions :

Il était terriblement gourmand, du coup, chaque fois que je préparais de la pâte à crêpes, je pensais à lui et me mettais à pleurer dedans. (scène 2, p. 8)	He loved his food, which meant that every time I made pancakes, I'd think of him and start to cry into the batter. (scene 2, p. 8)

---

[60] Disponible à l'adresse suivante : https://fredericperrin.com/2015/portfolio/pages/galleries/illustration/Homme Volcan_8_PateRegeneratrice-cadre2_v1_Srvb_shoot-single.php.

- Tu veux me faire une peau à crêpes ? Mais c'est une idée géniale ! (scène 4, p. 2)	- You want to give me pancake skin? Thar's a brilliant idea! (scène 4, p. 2)

L'histoire, qui tourne au fantastique avec une ironie subtile et parfois macabre, ainsi que les illustrations ternes, préfigurent un.e destinataire adolescent.e ou adulte. La section *Histoire d'amour érotique avec la fée Clochette*, riche en allusions sexuelles, en est une autre confirmation. Celles-ci sont toutes préservées dans la version anglaise, comme le montre l'extrait suivant, où on comprend que la fée Clochette vient de masturber Germain :

Lorsque j'ai aperçu les îlots roses, j'ai ressenti quelque chose de terriblement étrange et agréable à la fois, comme si on venait de me déboucher une bouteille de champagne entre les jambes et que les bulles me chatouillaient de l'intérieur. (scène 5, p. 5)	When I noticed the pink islands, I felt something really strange but lovely at the same time as if someone had opened a bottle of champagne between my legs and the bubbles were tickling me from the inside. (scene 5, p. 5)

Comme l'« icono-lettre » des appli-livres *Phallaina* et *L'homme volcan*, celle des deux livres enrichis *Le Horla* et *Voyage au centre de la terre* crée un « rythme numérique » immersif qui est efficace aussi bien en français qu'en anglais. En ce qui concerne la traduction du code verbal, en général les stratégies mobilisées sont celles qui sont ordinaires dans la traduction de la littérature imprimée : les anthroponymes et les toponymes sont transcrits, les *realia* sont préservés et une attention particulière est faite à l'organisation syntaxique du discours, à l'emploi de la ponctuation ou des figures de rhétorique. Nous avons parfois remarqué quelques incohérences par rapport au choix de cette approche littérale : nous avançons néanmoins l'hypothèse que ces incohérences ponctuelles sont dues au fait que plusieurs traducteurs/traductrices ont travaillé aux traductions de ces textes, celles-ci ayant été réalisées par le collectif ETC[61].

---

[61] Nous avons explicitement demandé à Julie Guilleminot, la directrice éditoriale de L'Apprimerie, de nous donner quelques détails concernant le type de travail que ce collectif a fait pour traduire les deux livres enrichis, mais nous n'avons pas reçu de réponse à cet égard de sa part.

En ce qui concerne *Le Horla* (2014), l'« icono-lettre » que L'Apprimerie a bâtie est caractérisée par un texte verbal et iconique, accompagné d'une musique, qui tend à renforcer l'anxiété et l'angoisse, afin de faire revivre la descente progressive du héros dans la folie. La synergie texte-illustrations-animations-musique ne pose pas de problèmes particuliers au niveau traductif : en effet, dans la plupart des cas, l'éditeur a choisi des formes, des couleurs et des mouvements de l'image qui ont la même valeur signifiante en français et en anglais. L'image stylisée d'un cœur qui palpite avec le bruit qui y est associé (voir fig. 2.16, chapitre 2), par exemple, est interprétée de la même façon et produit le même effet de lecture immersive indépendamment de la langue choisie pour lire l'histoire.

Une seule animation, qui propose un véritable jeu de mots verbal et iconique dans la version française, ne produit pas le même effet dans la version anglaise. A la page 28, la figure « sur l'erre » (Saemmer 2011 : 28) détermine la disparition progressive des bulles d'eau qui, en sortant d'une bouteille, se perdent dans l'air (voir fig. 2.17, chapitre 2). Ces bulles sont de fait des voyelles O, qui reproduisent le son du mot « eau » et en iconisent la transformation en vapeur. Le « ciné-gramme » augmente l'intensité signifiante du texte de Maupassant, en suggérant également que l'eau, volée par le Horla selon la perception hallucinée du narrateur, n'a fait que s'évaporer. La même figure d'animation est proposée en anglais, mais le lecteur ou la lectrice ne pourra pas en avoir la même compréhension ni éprouver le même plaisir de la lecture en lisant la traduction. En effet, la prononciation du mot *water* en anglais est différente, et ne peut pas être représentée au niveau phonique par le son /O/.

Un autre exemple est présent dans la réécriture numérique de *Voyage au centre de la terre* (2012). Les trois personnages de l'histoire sont en train de descendre dans les entrailles de la terre. Le héros, Axel, exprime sa préoccupation pour le manque d'eau qui menace leurs possibilités de survie pendant le voyage. Ce manque d'eau est reproduit de façon iconique par la disparition progressive des voyelles O, qui tombent des mots comme les dernières gouttes d'eau tomberaient d'une bouteille renversée (fig. 2.10, chapitre 2). Le même jeu iconique et verbal n'a bien évidemment pas la même richesse signifiante dans la version anglaise, où il est reproduit tel quel. Il est aussi repris à la page 92 : dans ce cas, les personnages, à la suite d'une explosion qu'ils ont provoquée, subissent une inondation. Le texte de la page est progressivement remplacé par une animation qui provoque une propagation de bulles d'eau symbolisées également dans ce cas par la voyelle O. Là encore, le jeu fonctionne bien en français, mais pas dans la version anglaise, où l'animation ne change pas.

Le livre enrichi *Voyage au centre de la terre* est une version abrégée du roman de Jules Verne. L'éditeur en a sélectionné des passages précis pour bâtir l'« icono-lettre » de son livre enrichi, en les associant à des animations interactives. Il a privilégié notamment les extraits caractérisés par une grande variété lexicale et riches en terminologie relevant du domaine de la géologie ou de la minéralogie – là où on décrit la descente dans les entrailles du volcan – ou encore du domaine de la zoologie et de la paléontologie, quand on passe en revue les monstres préhistoriques que les personnages rencontrent dans la deuxième partie de leur voyage. On observera, à titre d'exemple, le travail éditorial qui a été fait à la page 44 : les phrases mises en évidence en gras dans l'extrait suivant sont celles qui ont été choisies par l'éditeur pour ensuite être associées au « kinégramme » qui anime la page. Grâce à celui-ci, la manipulation de l'écran éclaire progressivement, comme une torche, la partie à lire, dans une obscurité qui reproduit celle vécue par les personnages dans les entrailles du volcan :

> **À travers l'étage des schistes, colorés de belles nuances vertes, serpentaient des filons métalliques de cuivre, de manganèse avec quelques traces de platine et d'or.** Je songeais à ces richesses enfouies dans les entrailles du globe et dont l'avide humanité n'aura jamais la jouissance ! Ces trésors, les bouleversements des premiers jours les ont enterrés à de telles profondeurs, que ni la pioche ni le pic ne sauront les arracher à leur tombeau.
>
> **Aux schistes succédèrent les gneiss, d'une structure stratiforme**, remarquables par la régularité et le parallélisme de leurs feuillets, **puis les micaschistes disposés en grandes lamelles rehaussées à l'œil par les scintillations du mica blanc.**
>
> La lumière des appareils, répercutée par les petites facettes de la masse rocheuse, croisait ses jets de feu sous tous les angles, et **je m'imaginais voyager à travers un diamant creux, dans lequel les rayons se brisaient en mille éblouissements.**
>
> **Vers six heures, cette fête de la lumière vint à diminuer sensiblement**, presque à cesser ; les parois prirent une teinte cristallisée, mais sombre ; **le mica se mélangea plus intimement au feldspath et au quartz, pour former la roche par excellence,**

la pierre dure entre toutes, **celle qui supporte,** sans en être écrasée, **les quatre étages de terrains du globe. Nous étions murés dans l'immense prison de granit**[62].

De façon similaire, l'éditeur choisit les passages qui parlent des monstres rencontrés par les personnages, pour créer un véritable effet d'accumulation d'images qui inspirent les animations associées au texte. A la page 71, par exemple, on décrit la lutte entre deux créatures marines, l'ichthyosaurus et le plesiosaurus, dont Axel, son oncle et leur guide ont été les spectateurs. En appuyant sur la page, un « cinégramme » s'active, qui produit un mouvement circulaire imitant le tourbillon produit par la lutte des monstres dans cette mer primordiale, et qui engloutit progressivement le texte.

Les différentes animations, exploitant des images stylisées, ne posent pas de problèmes lors de la traduction et semblent avoir été conçues pour que le livre enrichi puisse être publié en version bilingue. La traduction reproduit avec beaucoup d'attention la riche terminologie qui caractérise le texte de départ. Des mots d'origine latine tels qu'*ichthyosaurus* et *plesiosaurus* sont par exemple transcrits dans la version anglaise, tandis que dans d'autres cas on emploie l'équivalent anglais courant dans le jargon scientifique (par exemple le mot *marsouin* de la page 69 de la version française est traduit par *purpoise*). En général, la traduction ne simplifie pas le texte au niveau lexical, et se montre attentive à la syntaxe et à la ponctuation. Le choix de réduire la quantité du texte en en sélectionnant seulement certains passages est, quant à lui, déjà une forme de simplification, pensée pour rendre la lecture plus adaptée pour un public adolescent. Le « rythme numérique » caractérisant ce livre enrichi, comme celui du *Horla*, est ainsi un exemple intéressant d'une « icono-lettre » conçue pour pouvoir être aisément traduite en anglais, les seules animations qui créent des problèmes traductifs étant celles qui contiennent des jeux de mots iconiques et verbaux. Nous rappelons par ailleurs que, dans les deux cas, la traduction anglaise a été faite par un collectif de traducteurs.trices, qui ont peut-être collaboré avec l'éditeur dès le début du projet pour planifier deux produits numériques dont la traduction ne poserait pas trop de problèmes.

---

[62] Verne, Jules, *Voyage au centre de la terre*, Paris, Hachette, coll. « Le livre de poche », 2005, p. 202-203.

Pour le livre enrichi *Alice au Pays des Merveilles* (2015), l'éditeur Diane de Selliers a choisi une traduction existante, celle d'Henri Parisot. Si une véritable histoire des traductions de ce classique existe, comme Nières-Chevrel le remarque (2014), Parisot est considéré comme « one of the most successful translators of *Alice* » (Rickard 1975 : 63). Le nom du traducteur, ainsi que les notes de commentaire de Jean Gattégno qui enrichissent la traduction, sont une garantie de la qualité de l'ouvrage numérique et contribuent à réaffirmer son prestige et sa valeur littéraire auprès d'un public adulte ou adolescent. L'éditeur lui-même explique ses choix éditoriaux dans l'« Avant-propos » :

> Le texte de Lewis Carroll est reproduit dans son intégralité, dans la très belle traduction d'Henri Parisot qui a su à son tour jouer et transformer les jeux de mots et contresens de l'auteur tout en gardant le sens de l'œuvre. [...] Les notes de Jean Gattégno pour l'édition française permettent de mieux comprendre l'intelligence de la traduction française et le poids de la société victorienne (2015 : n.p.).

Toujours dans l'« Avant-propos », l'éditeur explique que la version intégrale du classique anglais est présente dans le livre enrichi parce que Pat Andrea a illustré l'ouvrage à partir de ce texte et non à partir de la traduction de Parisot. Cette information est stratégique pour comprendre la particularité de l'« icono-lettre » » proposée au public français, que nous définissons « savante », en raison de la synergie qui s'instaure entre images et péritextes. Puisque les codes verbal et iconique ont pour ainsi dire deux histoires différentes et indépendantes, dans quelques passages du livre nous avons remarqué de véritables courts-circuits iconiques et verbaux. Par exemple, le chapitre II s'intitule en anglais *Pool of tears*. Andrea, se laissant inspirer par ce titre, modernise la représentation du petit lac de larmes de John Tenniel, le premier illustrateur d'*Alice's Adventures in Wonderland*, en en faisant une piscine (fig. 4.15). Dans la version française, le titre du chapitre est *La mare de larmes* : la référence à la piscine est pour le moins bizarre pour le/la destinataire de langue française, à moins qu'il/elle n'ait lu la postface de Lambron, qui explique que, tout comme Carroll, Andrea aime jouer avec les mots et les images. Le péritexte joue ainsi un rôle essentiel dans la réception de la traduction, puisqu'il en réduit considérablement l'incohérence icono-textuelle.

Figure 4.15. © *Alice au Pays des Merveilles illuminé par Pat Andrea*, Diane de Selliers, éditeur, 2015.

Le chapitre VII offre un autre exemple pertinent. L'Alice d'Andrea se heurte physiquement au Temps, personnifié dans le texte de Carroll. Lorsque le Chapelier l'accuse de ne jamais lui avoir parlé, Alice répond : *Perhaps not […] but I know I have to beat time when I learn music* (2015 : n.p.). Andrea représente donc une Alice qui frappe le temps (*beat time*) (fig. 4.16). Parisot, plutôt que de recourir à l'anglicisme *battre le temps*, traduit par *à mon cours de musique on m'a appris à marquer le temps* (2015 : n.p.). La note interactive de Gattégno explicite le jeu de mots du texte anglais en commentant le choix de Parisot. Ce passage est également mentionné dans la postface, qui, comme dans le cas de *swimming pool*, rappelle que les illustrations ont été réalisées à partir du texte anglais, permettant ainsi aux lecteurs.trices de comprendre l'icono-texte apparemment illogique de la version française. Ces deux exemples mettent en évidence la fonction stratégique des péritextes dans la réception de ces nouveaux produits numériques, en particulier lorsqu'il s'agit, comme dans ce cas, d'« immigrés numériques » dont les illustrations vivent une vie autonome par rapport à la traduction.

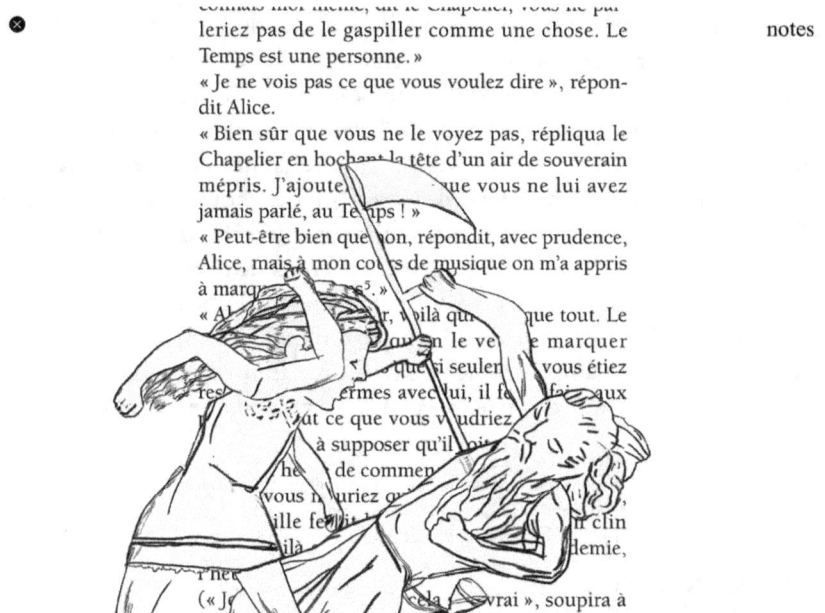

Figure 4.16. © *Alice au Pays des Merveilles illuminé par Pat Andrea*, Diane de Selliers, éditeur, 2015.

La présence d'images peut d'ailleurs également être considérée comme une ressource de traduction, dans la mesure où elles peuvent réintroduire dans le texte traduit des éléments fortement connotés du point de vue linguistique ou socioculturel occultés par la traduction elle-même. Voici un exemple pertinent tiré de notre corpus. L'un des problèmes auxquels tous les traducteurs et les traductrices d'*Alice's Adventures in Wonderland* ont été confronté.e.s est la traduction française de *Mock Turtle*, le nom de la Fausse Tortue qu'Alice rencontre au chapitre IX. Comme l'explique Romney, *Mock Turtle* fait référence à un plat anglais typique, la *mock turtle soup*. Il s'agit d'une soupe à base de tête de veau (d'où l'illustration de Tenniel, où le personnage a le corps d'une tortue et la tête et les pattes d'un veau), moins chère que la vraie soupe à la tortue, un plat particulièrement délicieux et luxueux (probablement inconnu du public français). Comme le souligne Romney, le choix de Parisot de traduire par *Tortue fantaisie* « n'évoqu[e] quoi que ce soit de précis dans l'esprit d'un lecteur français » (1984 : 275). Le substantif *fantaisie*, en fonction adverbiale, utilisé pour parler d'un produit ne sert qu'à relativiser son authenticité.

Bien qu'Andrea s'inspire parfois des illustrations de Tenniel, il s'en éloigne dans ce cas : sa tortue n'a plus de pattes ni de tête de veau, elle n'est plus représentée sur un rocher, mais sur une boîte de *Mock Turtle soup*, qui veut être une citation iconique des boîtes de *Campbell's soup* de Warhol (fig. 4.17). L'image réintroduit ainsi, en l'actualisant, la référence culturelle à la *Mock Turtle soup*, essentielle dans le texte de Carroll, que le choix du traducteur avait effacée. Là encore, la note de commentaire joue un rôle stratégique, car elle explique la référence à la soupe anglaise et le choix de traduction de Parisot, faisant ainsi le pont avec le texte source et le rendant à nouveau présent pour le lecteur ou la lectrice français.e. L'image, qui est culturellement connotée, peut être ainsi considérée comme une ressource au niveau traductif, car elle réintroduit la culturalité du texte source qui avait été effacée par le code verbal.

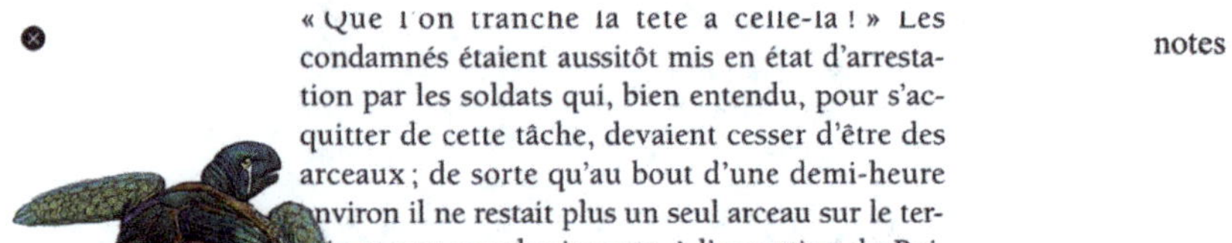

Figure 4.17. © *Alice au Pays des Merveilles illuminé par Pat Andrea*, Diane de Selliers, éditeur, 2015.

L'analyse de cette version numérique d'*Alice au Pays des Merveilles* montre ainsi que l'image née au sein du texte de départ, quand elle est associée à sa traduction, peut non seulement créer des incohérences au niveau « paratraductif », mais aussi devenir une possibilité d'« ouvrir l'Etranger en tant qu'Etranger à son propre espace de langue », comme le souhaite Berman (1999 : 75). En effet, elle permet une forme d'accueil dans le texte d'arrivée de ce que nous appellerons un « Etranger icono-verbal » capable de contribuer au caractère « sémio-éthique » de la traduction.

En général, l'étude de notre corpus montre que la non « paratraduction » des illustrations ou des animations est un phénomène fréquent, responsable de différents types de « déformations sémio-traductives », qui appauvrissent l'« icono-lettre » des ouvrages numériques traduits. Cela arrive plus souvent dans les traductions des appli-livres et des livres enrichis destinés à un public jeune ou très jeune, l'attention à la littérarité et à la culturalité du texte de départ y étant plus faible. Dans les ouvrages s'adressant à un.e destinataire plus âgé.e, en revanche, la volonté de préserver une « icono-lettre » visant à produire une expérience de lecture immersive est évidente, et les stratégies de traduction mobilisées, aussi bien au niveau verbal que péritextuel, assurent à ces traductions numériques une plus grande « sémio-poéticité ».

Conclusion

Aujourd'hui, la question de la traduction des appli-livres et des livres enrichis présente de nombreux intérêts : ces ouvrages numériques peuvent être considérés comme une nouvelle forme littéraire et comme une alternative séduisante à la littérature imprimée, en mesure de captiver les nouvelles générations de *screenagers*. La création en 2012 du BolognaRagazzi Digital Award confirme l'évolution des habitudes de lecture (et le développement du marché de l'édition qui en découle) : lors de la Foire du livre pour enfants de Bologne, ce prix est décerné à l'ouvrage numérique pour les enfants le plus innovant, et les lauréats bénéficient d'une attention et d'une couverture médiatique internationales.

En outre, ces nouveaux produits numériques sont intéressants en raison de leur mode spécifique de signifier et de la synergie complexe entre plusieurs systèmes sémiotiques qu'ils exploitent. Ce nouveau « technogenre » (Paveau 2017 : 300) ayant une valeur heuristique certaine, est ainsi une invitation à repenser les stratégies communicatives post-modernes et leur évolution à l'ère du numérique. En effet, comme nous l'avons vu en analysant notre corpus, l'image, qui accompagne le texte ou parfois s'impose à lui en le cachant, signifie autant que l'écrit et tend en même temps à transformer le texte verbal en une forme plastique (Yuste Frías 2010 : 299). Une relation osmotique fait ainsi évoluer le signe verbal vers le signe visuel : la sémiotique linguistique et la sémiotique visuelle doivent par conséquent coopérer davantage pour étudier les nouvelles formes complexes de communication verbale et visuelle produites par ces nouveaux ouvrages numériques. Puisque le signe linguistique tend à y devenir une icône (Benveniste 2012 : 95), la « lettre iconisée » des appli-livres et des livres enrichis de notre corpus, dont *Bleu de toi* est un exemple excellent, ouvre ainsi la voie à d'autres recherches dans l'avenir concernant leur potentiel signifiant ainsi que leur valeur pédagogique et esthétique.

Comme cette étude traductologique l'a confirmé, une autre forme de coopération est nécessaire : celle entre l'approche sémiotique de la traduction (Eco 2003 ; Gorlée 2004) et les approches éthiques, notamment celles de Berman (1999, 1984) et de Venuti (2019, 1995). Or, selon Hodgson *et al.*, il est indéniable que «[f]or audiovisual or new media translators Peircean semiotics allows them to conceptualize texts as more than just an assembly of lexical units called words » (Hodgson *et al.* 2000 : 140). Cependant, dans son ouvrage *On Translating Signs. Exploring Texts and Semio-Translation* (2004), Gorlée semble considérer la traduction avant tout comme un transfert interlinguistique : « Translation is a metatextual, linguistic operation and falls under the category of Peirce's verbal-editorial skills » (2004 : 190). La chercheuse met en évidence aussi la proximité de la réflexion de Pierce de celle d'autres traductologues, comme Toury (2004 : 121-122) ou Steiner (2004 : 126-127). Ce qu'elle affirme à propos de la théorie de la traduction de Steiner dans *After Babel* (1975) révèle néanmoins son manque d'ouverture à la dimension « éthique » de sa réflexion : « Steiner's step-wise scenario has an important virtue when recontextualized within semiotics: it resembles semiosis and is interestingly reminiscent of Peirce's succession of three interpretive moments as manifested in the First (immediate/emotional), Second (dynamical/energetic), and Third (final/logical) interpretants » (2004 : 127). Elle estime que le quatrième mouvement herméneutique de Steiner, le mouvement « éthique » qui tente de restaurer la fidélité au texte source (Steiner 1975 : 277-281), n'est qu'une illusion (Gorlée 2004 : 126). En effet, la sémio-traduction conçoit la traduction comme un processus abstrait et « abductif » (2004 : 99-132) et le traducteur comme un « 'generalized' actor » (2004 : 102) sans en définir la spécificité. Dans ce livre, nous avons en revanche essayé de définir le processus de la traduction numérique en parlant d'un « traducteur pluriel », à savoir d'une entité complexe se situant à la croisée d'un ensemble de facteurs politiques, éditoriaux et techniques, socio-historiques et subjectifs qui influencent les choix, configurent les tâches du traducteur/de la traductrice et définissent son mode de travail.

Cette étude a également montré d'une part qu'il est urgent d'accorder une plus grande attention à ce que signifie traduire l'« icono-lettre » d'un texte littéraire numérique. La littérarité et la valeur esthétique des appli-livres et des livres enrichis du corpus, que notre analyse sémio-discursive a mises en évidence, rend nécessaire une traduction « éthique », en mesure de produire pour le public de la langue d'arrivée une expérience esthétique similaire à celle qui est créée par le texte de départ. D'autre part, force est de constater qu'un tournant technologique et sémiotique est, lui aussi, souhaitable dans le cadre des approches éthiques de la traduction. C'est précisément dans ce but que des notions comme celles de « sémio-éthicité » et de « sémio-poéticité » de la traduction ont été élaborées : grâce à celles-ci, une ouverture de la réflexion de Berman au contexte numérique peut désormais se produire.

Ces deux notions ont été exploitées dans le présent ouvrage pour évaluer la capacité des traductions numériques de notre corpus à accueillir un « Etranger » (Berman 1984) icono-textuel et à être un moment de dialogue et d'hybridation intersémiotique. La distinction proposée entre les ouvrages que nous avons appelés « natifs numériques » et « immigrés numériques » est de ce point de vue utile. Les deux laissent en effet une marge d'action différente au traducteur ou à la traductrice au niveau « paratraductif ». Si « paratraduire » signifie, dans le cas des textes « natifs numériques », penser dès leur conception à la configuration d'un produit bilingue ou plurilingue en mesure d'éduquer à la diversité linguistique, culturelle et littéraire, pour les « immigrés numériques » le rôle joué par la dimension péritextuelle (préfaces, postfaces, notes, etc.) se confirme comme essentiel, puisque le traducteur ou la traductrice souvent n'a pas la possibilité de « paratraduire » les images.

Des appli-livres ou des livres enrichis « natifs numériques » tels que *Avec quelques briques, Il suffit parfois d'un cygne, Phallaina* ou *Boum !* montrent par exemple que, lors de leur conception, un processus de « leveraging » (Nadiani 2007 : 192) a été mis en place et que les éventuelles difficultés posées par la traduction de ces produits dans d'autres langues ont été prévues. Les problèmes qui ont été relevés dans la traduction anglaise de *Bleu de toi* prouvent, en revanche, que si la traduction n'est pas prise en compte dès le début, de nombreuses caractéristiques du texte plurisémiotique source seront intraduisibles : l'effet produit par le texte d'arrivée sur le lecteur ou la lectrice sera substantiellement différent, et la réception de l'ouvrage moins riche sur le plan esthétique. L'analyse de notre corpus a également révélé que pour les « natifs numériques » la non-« paratraduction » des images crée souvent des incohérences au niveau icono-textuel, et elle produit des formes d'appauvrissement de l'« icono-lettre » du texte traduit, que nous avons appelées « déformations sémio-traductives ». Celles-ci sont responsables de l'affaiblissement de la synergie texte-images-animations, de la perte des jeux de mots iconiques et verbaux ou de la richesse rhétorique du texte source. On se souviendra, à titre d'exemple, de l'entropie causée par l'effacement de la métaphore filée iconique et verbale que nous avons remarquée dans la traduction anglaise de *Conte du haut de mon crâne* ou de l'affaiblissement de l'« icono-lettre » ludique de *Thibaut au pays des livres*.

Cet appauvrissement au niveau de l'« icono-lettre » de ces produits numériques est souvent associé à celui de leur « lettre » (Berman 1999), notamment dans les appli-livres et les livres enrichis qui s'adressent à un public jeune ou très jeune. L'analyse de notre corpus confirme ainsi une tendance fréquente dans la traduction littéraire pour l'enfance : sur le plan verbal, les traductions examinées ne sont pas toujours « est-éthiques » (Pederzoli 2012 : 288-289). L'âge du/de la destinataire se confirme comme un facteur pertinent et déterminant : comme dans la traduction de la littérature d'enfance imprimée, les traducteurs.trices sont moins attentifs à la dimension esthétique et à la culturalité des ouvrages quand ils traduisent pour un public jeune ou très jeune. Cela explique par exemple pourquoi le seul cas de recours massif à la macrostratégie de l'adaptation – qui efface de façon substantielle la culturalité du texte de départ – a été relevé dans un appli-livre pour enfants : *Ogre doux*.

Les traductions des appli-livres et des livres enrichis pour jeunes adultes qui entrent dans la catégorie des « immigrés numériques » sont en revanche plus fidèles à la « lettre » des textes de départ, notamment quand il s'agit de versions enrichies de classiques littéraires. Ce type de traduction est une autre façon de réaffirmer une filiation entre ces ouvrages et la tradition littéraire imprimée, intentionnellement recherchée au niveau éditorial, comme nous l'avons vu. Les versions numériques du *Horla* et de *Voyage au centre de la terre* de L'Apprimerie sont un exemple éloquent de ce point de vue. Les figures de rhétorique numériques, par lesquelles les deux classiques ont été enrichis, produisent une « icono-lettre » immersive ayant le même potentiel signifiant dans la version française et anglaise. Notre analyse traductologique a relevé quelques « déformations sémio-traductives », par exemple la perte des jeux de mots iconiques et verbaux, qui sont cependant moins fréquentes que dans le corpus d'ouvrages destinés aux enfants.

Nous avons également constaté que des péritextes tels que les préfaces, les postfaces ou les notes jouent un rôle stratégique dans la traduction des « immigrés numériques » pour jeunes adultes : ils permettent de réaffirmer la filiation qui les lie à la littérature imprimée, comme l'*Alice au Pays des Merveilles* de Diane de Selliers le confirme. En effet, les péritextes numériques de ce livre enrichi sont issus de la numérisation de ceux qui accompagnaient la version imprimée de l'ouvrage, destinée à un public d'adultes. Dans une étude précédente (Amadori 2023b), nous avons comparé ce livre enrichi avec un appli-livre qui est une adaptation de ce classique pour enfants : *Alice for the ipad/Alice sur l'ipad* de l'éditeur anglais Atomic Antelope[63]. La version anglaise reprend le texte intégral de Carroll avec des illustrations de Tenniel, le premier et le plus célèbre illustrateur de ce classique. La version française, *Alice sur l'ipad*, en est une réduction, inspirée par *The Nursery Alice* (1890), une réécriture pour un public de lecteurs et lectrices très jeunes (0-5 ans) faite par Carroll lui-même, qui a cherché de la sorte à rendre son *Alice* plus attrayante et « interactive » (Susina 2012 : 91-92). Les illustrations sont celles de Tenniel, qui a coloré pour *The Nursery Alice* une sélection de 20 images tirées de la version intégrale de 1865. Les pages-écran, proposant ces illustrations de Tenniel fidèlement reproduites ou modifiées pour être interactives, sont de couleur sépia, pour recréer l'effet du papier vieilli et usé par le temps. Ce choix confirme que l'éditeur, Atomic Antelope, a voulu « restructurer » une édition sur vieux papier du classique pour un public de très jeunes lecteurs et lectrices[64]. Dans cette version numérique, la relation texte-image devient centrale, et l'interactivité améliore la compréhension de l'histoire, le lecteur ou la lectrice participant physiquement à sa construction par ses gestes. *Alice sur l'ipad* se présente ainsi comme une adaptation du texte source pour un public d'enfants d'âge préscolaire et scolaire (sur l'App Store, le produit est recommandé pour les enfants à partir de 4 ans). En analysant les choix qui ont été faits au niveau macro-textuel pour traduire en français le texte de Carroll, on découvre le recours systématique à l'omission de plusieurs passages du texte source, en particulier ceux où se concentrent les principaux problèmes

---

[63] Atomic Antelope, *Alice for the iPad*, London, 2010.
[64] L'éditeur décrit cette opération de « restructuration » à l'adresse suivante : https://theliteraryplatform.com/news/2010/04/making-alice-for-the-ipad/.

de nature culturelle que le texte de Carroll pose[65]. Aucune préface, postface ou note n'est présente dans ce produit numérique. L'absence d'indications au niveau péritextuel permettant de comprendre comment le transfert traductif a été fait préfigure un.e destinataire jeune, plus disposé.e à « lire » les images de Tenniel que le texte écrit.

Or, ces images nées au sein du texte anglais et migrées dans l'appli-livre d'Atomic Antelope sont l'élément le plus connoté sur le plan culturel qui est préservé dans l'adaptation française. La présence des images peut ainsi être considérée dans ce cas comme une ressource de traduction, dans la mesure où elles peuvent réintroduire dans le texte traduit des éléments fortement connotés du point de vue linguistique ou socioculturel, qui ont été effacés par la traduction. Dans l'*Alice au Pays des Merveilles* de Diane de Selliers, la culturalité du texte source est en revanche préservée aussi bien par les illustrations d'Andrea, nées elles aussi au sein du texte de Carroll, que grâce à la synergie qui s'instaure entre celles-ci et les péritextes associés à la traduction, l'« icono-lettre » savante de cet ouvrage ayant été conçue pour un public plus âgé. La comparaison entre ces deux versions numériques d'un classique montre de façon convaincante que la multimodalité doit être considérée comme une ressource à exploiter pour accueillir l'« Etranger » (Berman 1984). L'avènement du numérique, comme Elefante le remarquait déjà en 2012, est par ailleurs en train de faire changer considérablement, voire de faire évoluer, les rapports entre traduction et paratexte (Elefante 2012 : 154). De ce point de vue, une présence plus massive, dans ces ouvrages littéraires numériques, de péritextes traductifs valorisant le caractère multimodal de ces dispositifs discursifs serait souhaitable à l'avenir, même quand ils s'adressent à un public d'enfants jeunes ou très jeunes.

---

[65] Le nom du traducteur ou de la traductrice n'est pas indiqué dans les crédits. D'ailleurs, l'une des particularités de ces nouveaux produits numériques est précisément qu'ils sont le résultat d'un travail collaboratif et donc l'émanation d'une auctorialité plurielle, pas toujours dotée d'une identité personnelle (Paveau 2017 : 28-29). Cela est également vrai pour les traductions, souvent réalisées par un « traducteur pluriel » (Nadiani 2007 : 98), comme l'a confirmé l'analyse de notre corpus. Dans *Alice sur l'ipad*, l'« entité traduisante » a repris de longs passages de la traduction de Papy, un autre important traducteur français du classique, publiée en 1961 par Jean-Jacques Pauvert. C'est ce que révèlent clairement certains choix dans plusieurs passages longuement discutés par les traductologues qui ont analysé les nombreuses traductions françaises du livre.

Une préface à un appli-livre comme *Alice sur l'ipad* pourrait, par exemple, prendre la forme d'un simple et court texte oral raconté par un narrateur ou une narratrice, ou d'un court document audiovisuel qui préparerait le jeune lecteur ou la jeune lectrice de l'ouvrage à accueillir l'« Etranger » icono-textuel qui s'y manifeste. De façon similaire, les notes de commentaire au texte pourraient prendre la forme de textes oraux courts et simples expliquant à l'enfant un élément culturellement connoté, l'aidant ainsi à découvrir l'altérité linguistique et culturelle dès son plus tendre âge.

La recherche d'une synergie véritable entre la traduction et la « paratraduction » numérique des textes pour enfants pourrait permettre d'atténuer le risque d'offrir aux *digital natives* d'aujourd'hui, les citoyens de demain, des produits nivelés et appauvris sur le plan culturel, inversant ainsi les tendances qui orientent le marché de l'édition numérique jeunesse aujourd'hui (Yokota 2015 : 84). Même si nous espérons, par le présent ouvrage, avoir donné une contribution en ce sens, un travail de sensibilisation reste à faire auprès des éditeurs et éditrices opérant dans ce segment de l'édition numérique. En effet, comme nous l'avons vu, leur « geste éditorial » est soumis à de fortes pressions économiques, et la traduction est, à leurs yeux, avant tout un moyen d'atteindre un public aussi large que possible. Leurs politiques de traduction semblent subordonnées à des impératifs de nature économique ainsi qu'à leur besoin d'une reconnaissance, encore loin d'être effective (Zheng Ba 2018 : 225), dans le champ littéraire.

Ainsi, on comprendra mieux désormais pourquoi les traductions numériques des appli-livres et des livres enrichis ne sont pas toujours à la hauteur de leur valeur esthétique et littéraire, présentent des formes variées de « déformations sémio-traductives » qui appauvrissent le « rythme numérique » de ces ouvrages. Or, notre approche traductologique descriptive, fondée sur ce que Berman appelle un « regard réceptif » (Berman 1995 : 65), a permis de mettre en évidence les problèmes les plus fréquents auxquels les traducteurs et traductrices numériques de notre corpus ont dû faire face. Nous visons par là à stimuler non seulement des traductions « sémio-éthiques » et « sémio-poétique » à l'avenir, mais aussi une conception plus attentive de ces produits numériques dès le début de leur création, grâce à une plus grande prise de conscience des défis traductifs qu'ils posent. Comme Berman par ailleurs le confirme, « les œuvres langagières [...] ont besoin de la critique pour se communiquer, pour se manifester, pour s'accomplir et se perpétuer » (1995 :

38) : une telle affirmation est vraie tant pour la traduction de la littérature imprimée que pour sa sœur dernière-née, la littérature numérique.

Nous souhaitons par ailleurs que cette littérature numérique, pour enfants ou jeunes adultes, puisse continuer à vivre sur les écrans de nos tablettes et de nos smartphones, en dépit de sa destinée incertaine, et selon quelques-uns sombre, étant donné sa faible rentabilité et la complexité des rapports entre les plateformes de vente et les éditeurs.trices numériques. De meilleures traductions de ces ouvrages pourront sûrement favoriser la survie de cette littérature et l'aider à fasciner un public plus large, intéressé à des expériences de lecture multilingue – on n'oubliera pas que certains spécialistes ont mis en évidence la valeur pédagogique de ces ouvrages et le rôle clé qu'ils pourraient jouer dans l'apprentissage des langues étrangères (Bus et Smeets 2015). Une reconnaissance effective du travail traductif nécessaire pour faire migrer ces produits numériques dans d'autres langues en découlera peut-être aussi. En effet, le fait que le nom du traducteur ou de la traductrice n'est pas toujours mentionné dans les crédits des ouvrages de notre corpus indique que ces traductions ne sont pas encore considérées comme littéraires, tout comme ces produits ont du mal à se faire accepter comme des ouvrages littéraires à part entière. Par ce livre, nous espérons néanmoins avoir contribué à faire ressortir tant leur valeur esthétique et pédagogique, que les défis traductifs qu'ils posent, qui exigent aussi bien des compétences littéraires qu'une prise de conscience des problèmes complexes liés à la traduction des textes multimodaux.

Enfin, l'ouvrage *Traduire pour l'enfance à l'ère du numérique* a montré que si traduire *pour* l'enfance signifiait encore, au début du XXIe siècle, être fidèles à l'enfant et adapter le texte à ses compétences de lecture et de compréhension du monde, comme Oittinen le soutient dans son *Translating for children* (2000), aujourd'hui il faut désormais donner une signification nouvelle à la préposition *pour*. Traduire *pour* des enfants et des adolescent.e.s qui sont des *digital natives* signifie les éduquer à la diversité linguistique et culturelle, les aider à accueillir un « Etranger » qui, dans nos sociétés du « tout-image », devient de plus en plus fréquemment verbo-iconique, en exploitant toutes les ressources multimodales que le numérique met à notre disposition. Cette étude confirme ainsi la nécessité de traduire pour l'enfance de façon « est-éthique » (Pederzoli 2012), tout comme invitent à le faire aussi les dernières recherches traductologiques dédiées à la traduction multimédia, notamment audiovisuelle (Venuti 2019). D'autres recherches consacrées à la traduction de la littérature numérique, pour enfants ou pour adultes, sont néanmoins souhaitables, tenant compte de la panoplie des formes de cette littérature et des différentes stratégies de traduction multimodales qui pourront être mobilisées selon le type de destinataire envisagé.e.

Bibliographie

Agorni, Mirella (2000), "Quale teoria per la pratica della traduzione multimediale", *La traduzione multimediale. Quale traduzione per quale testo?*, Rosa Maria Bollettieri Bosinelli, Christine Heiss, Marcello Soffritti e Silvia Bernardini (a cura di), Bologna, CLUEB, p. 395-406.

Al-Yaqout, Ghada, Nikolajeva, Maria (2015), "Re-Conceptualising picturebook theory in the digital age", *Barnelitterært forskningstidsskrift/Nordic Journal of ChildLit Aesthetics*, vol. 6, n. 1, online: https://www.tandfen ligne.com/doi/full/10.3402/blft.v6.26971

Amadó, Michele (2007), "'Existe-t-il des signes visuels?' Rivisitazione del *Traité du signe visuel* del Groupe μ", *L'analisi linguistica e letteraria*, n. 15, p. 7-23.

Amadori, Sara (2023a), « *Ethos* et *scénographie éditoriaux* : analyse sémio-discursive de deux réécritures numériques de classiques littéraires », *Argumentation et Analyse du Discours*, n. 31, en ligne : http://journals.openedition.org/aad/7724

Amadori, Sara (2023b), "Letteratura digitale per l'infanzia e traduzione: riscritture digitali di *Alice's Adventures in Wonderland*", *Tradurre per l'infanzia e l'adolescenza*, numero speciale della rivista *inTRAlinea*, a cura di Mirella Piacentini, Roberta Pederzoli e Raffaella Tonin, online: https://www.intralinea.org/specials/article/2614

Amadori, Sara (2020), "Translating the Book App's icono-letter", *Translation and Translatability in Intersemiotic Space*, special issue of *Punctum. International Journal of Semiotics*, Evangelos Kourdis and Susan Petrilli (eds), vol. 6, n. 1, 2020, p. 15-38, online: https://punctum.gr/volume-06-issue-01-2020-translation-and-translatability-in-intersemiotic-space/

Amadori, Sara (2019), « L'appli-livre : un nouveau défi traductif pour la traduction de la littérature pour l'enfance », *Traduire pour la jeunesse dans une perspective éditoriale, sociale et culturelle,* numéro spécial d'*Équivalences* coordonné par Adele D'Arcangelo, Chiara Elefante et Roberta Pederzoli, vol. 46, n. 1-2, p. 105-128.

Amadori, Sara (2018), « La 'dimension argumentative' plurisémiotique du livre enrichi », *Argumentation et Analyse du Discours*, n. 20, en ligne : http://journals.openedition.org/aad/2526

Amossy, Ruth (2010), *L'argumentation dans le discours*, Paris, Armand Colin.

Amossy, Ruth (2009), « La double nature de l'image d'auteur », *Argumentation et Analyse du Discours*, n. 3, en ligne : http://aad.revues.org/662

Apel, Friedmar (1982), *Sprachbewegung : eine historisch-poetologische Untersuchung zum Problem des Ubersetzens*, Heidelberg, Winter Verlag.

Bach, Jean-François, Houdé, Olivier, Léna, Pierre, Tisseron, Serge (2013), *L'enfant et les écrans. Un avis de l'Académie des sciences*, Paris, Editions Le Pommier.

Bassnett, Susan (1991), *Translation Studies*, London and New York, Routledge.

Benveniste, Emile (2012), *Dernières leçons au Collège de France, 1968-1969*, Paris, Seuil.

Benveniste, Emile (2011), *Baudelaire*, présentation et transcription de Chloé Laplantine, Limoges, Lambert-Lucas.

Benveniste, Emile (1966), *Problèmes de linguistique générale*, Paris, Gallimard.

Berman, Antoine (2012), *Jacques Amyot, traducteur français*, Paris, Belin.

Berman, Antoine (1999), *La traduction et la lettre ou L'auberge du lointain*, Paris, Seuil.

Berman, Antoine (1995), *Pour une critique des traductions : John Donne*, Paris, Gallimard.

Berman, Antoine (1984), *L'épreuve de l'étranger : culture et traduction dans l'Allemagne romantique : Herder, Goethe, Schlegel, Novalis, Humboldt, Schleiermacher, Hölderlin*, Paris, Gallimard.

Bollettieri Bosinelli, Rosa Maria, Heiss, Christine, Soffritti Marcello e Bernardini, Silvia (a cura di) (2000), *La traduzione multimediale. Quale traduzione per quale testo?*, Bologna, CLUEB.

Borras, Laura (2015), "The Reader (in) Digital. Forms of reading on screen", *Digital literature for children. Texts, Readers and Educational Practices*, Mireia Manresa and Neus Real (eds), Bern, Peter Lang, p. 27-35.

Brehm, Sylvain, Beaudry, Marie-Christine (2016), « La réception d'un roman augmenté pour adolescents », *Revue de recherches en littératie médiatique multimodale*, n. 3, en ligne: https://www.erudit.org/fr/revues/rechercheslmm/2016-v3-rechercheslmm03733/1047124ar/

Bouchardon, Serge, Meza, Nohelia (2021), « Traduire une œuvre de littérature numérique en plusieurs langues : une étude de cas », *Hybrid*, n. 7, en ligne : http://journals.openedition.org/hybrid/666 ; DOI : https://doi.org/10.4000/hybrid.666

Bouchardon, Serge (2014), *La valeur heuristique de la littérature numérique*, Paris, Hermann.

Bouchardon, Serge (2005), *Le récit littéraire interactif. Narrativité et interactivité*, Thèse de doctorat, Université de Technologie de Compiègne, sous la direction de Dominique Boullier, soutenue en décembre 2005.

Boutault, Joasha, Guilet, Anaïs (2014), « La stratégie Tetris », *Traduire l'hypermédia / l'hypermédia et le traduire, Cahiers virtuels du Laboratoire NT2*, n. 7, en ligne sur le site du Laboratoire NT2 : https://hal.science/hal-02463696

Boutin, Jean-François, Lacelle, Nathalie, Lebrun, Monique (2017), *La littératie médiatique multimodale appliquée en contexte numérique. LMM@ : Outils conceptuels et didactiques*, Québec, Presses de l'Université du Québec.

Bowlesa, Anita R., Franka, Victor M., Freynik, Suzanne, Golonkaa, Ewa M., Richardsonc, Dorna L. (2014), "Technologies for foreign language learning: a review of technology types and their effectiveness", *Computer Assisted Language Learning*, vol. 27, n. 1, p. 70-105.

Bus, Adriana G., Smeets, Daisy J. H. (2015), "The interactive animated e-book as a word learning device for kindergartners", *Applied Psycholinguistics*, n. 36, p. 899–920.

Carioli, Stefania (2018), *Narrazioni digitali nella letteratura per l'infanzia*, Milano, Franco Angeli.

Carioli, Stefania (2017), "Metamorfica Alice. L'originale di Lewis Carroll, dalla stampa al digitale", *Studi sulla Formazione*, n. 20, p. 93-102.

Carpenter, J. R. (2014), "Translation, transmutation, transmediation, and transmission in TRANS.MISSION [A.DIALOGUE]", *Traduire l'hypermédia / l'hypermédia et le traduire, Cahiers virtuels du Laboratoire NT2*, n. 7, en ligne : http://nt2.uqam.ca/fr/cahiers-virtuels/article/translation-transmutation-transmediation-and-transmission-transmission

Cayley, John (2015), "Beginning with 'The Image' in *How It Is* when translating certain processes of digital language art", *Electronic Book Review*, March 1, 2015, online: https://electronicbookreview.com/essay/beginning-with-the-image-in-how-it-is-when-translating-certain-processes-of-digital-language-art/

Celotti, Nadine (2012), « La bande dessinée : art reconnu, traduction méconnue », *Tradurre il fumetto/Traduire la bande dessinée*, sous la direction de Josiane Podeur, Napoli, Liguori, p. 1-12.

Colombier, Nathalie (2013), « L'album numérique », *Bbf*, vol. 58, n. 2, p. 37–51.

Cordingley, Anthony, Frigau Manning, Céline (2016), "What is collaborative translation?", *Collaborative Translation : From the Renaissance to the Digital*

Age, Anthony Cordingley and Céline Frigau Manning (eds), London, Bloomsbury Publishing, p. 1-30.

Correro, Cristina, Real, Neus (2015), "Digital Literature in Early Childhood Reading Experiences in Family and School Contexts", *Digital literature for children. Texts, Readers and Educational Practices*, Mireia Manresa and Neus Real (eds), Bern, Peter Lang, p. 173-189.

Desjardins, Renée, Larsonneur, Claire (2021), "Introduction", *When Translation Goes Digital*, Renée Desjardins, Claire Larsonneur and Philippe Lacour (eds), Berlin, Springer, p. 1-16.

Dessons, Gérard, Meschonnic, Henri (1998), *Traité du rythme*, Paris, Dunod.

Di Rosario, Giovanna (2012), "Translating digital literature: two experiences and a reflection", *Texto Digital*, vol. 8, n. 1, p. 138-162, online: https://periodicos.ufsc.br/index.php/textodigital/article/view/25315

Dufresne, Robert (2012), « Livre numérique : où en est-on, côté jeunesse ? », *Lurelu*, vol. 34, n. 3, p. 7–12.

Eberle-Sinatra, Michaël E., Vitali-Rosati, Marcello (2014), « Histoire des humanités numériques », *Pratiques de l'édition numérique*, Marcello Vitali-Rosati et Michaël Eberle-Sinatra (éds), Montréal, Les Presses de L'Université de Montréal, p. 49-62, en ligne : http://parcoursnumeriquespum.ca/histoire-des-humanites-numeriques

Eco, Umberto (2003), *Dire quasi la stessa cosa. Esperienze di traduzione*, Milano, Bompiani.

Eco, Umberto (1998), "L'opinione di Umberto Eco", *Effe. La rivista delle librerie Feltrinelli*, n. 8 (primavera), p. 45-47.

Elefante, Chiara (2012), *Traduzione e paratesto*, Bologna, BUP.

Evans, Jonathan (2013), "Translating Board Games: Multimodality and Play", *Translating Multimodalities*, Special issue of *The Journal of Specialised Translation*, Carol O'Sullivan and Caterina Jeffcote (eds), n. 20, online: https://jostrans.org/issue20/issue20_toc.php

Farkas, Zita (2017), "Book Apps and Digital Textuality", *Alluvium*, vol. 6, n. 2, en ligne: https://www.alluvium-journal.org/2017/05/31/book-apps-and-digital-textuality/

Fittipaldi, Martina, Juan, Anna, Manresa, Mireia, (2015), "Paper or Digital: A Comparative Reading with Teenagers of a Poe Short Story", *Digital literature for children. Texts, Readers and Educational Practices*, Mireia Manresa and Neus Real (eds), Bern, Peter Lang, p. 137-152.

Frederico, Aline (2016), "The future of the reader or the reader of the future: children's interactive picturebook apps and multi-literacies", *Cadernos de Letras da UFF Dossiê: A crise da leitura e a formação do leitor*, n. 52, p. 121-139.

Frederico, Aline (2014), "The Construction of Meaning in Three Fairy Tale Enhanced Electronic Picturebooks", *Proceedings of the Annual Conference of CAIS / Actes Du congrès Annuel De l'ACSI*, en ligne : https://doi.org/10.29173/cais71

Garavini, Melissa (2018), "Towards a new way of production: Digital Picturebooks", *Translating picturebooks. Revoicing the verbal, the visual and the aural for a child audience*, Riita Oittinen, Anne Ketola and Melissa Garavini (eds), New York and London, Routledge p. 39-44.

Garavini, Melissa (2016), "Collane e paratesto nel processo traduttivo: come i libri per bambini assumono una nuova identità nel sistema letterario di arrivo", *Strenæ*, n. 11, online: http://journals.openedition.org /strenae/1665

Gary, Nicolas (2013), « Applications, ebooks : l'édition jeunesse explore les univers numériques », *ActuaLitté*, en ligne : https://www.actualitte.com/article/reportages/applications-ebooks-l-edition-jeunesse-explore-les-univers-numeriques/58365

Gauthier, Joelle (2013), « Enjeux de Traduction – Les théories de la traduction à la rencontre de l'hypermédia », *ALN / NT2*, dossier thématique, coll. « Cahiers ReMix », publiée par l'Observatoire de l'imaginaire contemporain, en ligne : https://oic.uqam.ca/publications/publication/enjeux-de-traduction

Genette, Gérard (1987), *Seuils*, Paris, Seuil.

Gobbé-Mévellec, Euriell (2014), « De l'album jeunesse aux appli-livres : nouveaux dispositifs de lecture », *Mémoires du livre*, vol. 5, n. 2, printemps 2014, en ligne : https://www.erudit.org/fr/revues/memoires/2014-v5-n2-memoires01373/1024773ar/

Gorlée, Dinda L. (2004), *On Translating Signs. Exploring Text and Semio-Translation*, Amsterdam, Rodopi.

Heiss, Christine (1996), "Il testo in un contesto multimediale", *Traduzione multimediale per il cinema, la televisione e la scena*, Christine Heiss e Rosa Maria Bollettieri Bosinelli (a cura di), Bologna, CLUEB, p. 13-26.

Hodgson, Richard *et al.* (2000), "Pierce's semiotics for multimedia translators", *Semiotranslation: Peirceans approaches to translation, Athanor*, n. 10, p. 139-150.

Iser, Wolfgang (1976), *L'acte de lecture. Théorie de l'effet esthétique*, Munich, Fink.

Jakobson, Roman (1963), *Essais de linguistique générale. 1. Les fondations du langage*, Paris, Minuit.

Jauss, Hans R. (1978), *Pour une esthétique de la réception*, traduction de Claude Maillard, Paris, Gallimard.

Jeanneret, Yves, Souchier, Emmanuel (2005), « L'énonciation éditoriale dans les écrits d'écran », *Communication et langages*, n. 145, p. 3-15.

Kristeva, Julia (1974), *La révolution du langage poétique*, Paris, Seuil.

Kristeva, Julia (1969), *Recherches pour une sémanalyse*, Paris, Seuil.

Korsemann, Horne L. (2012), "Apps: A Practical Approach to Trade and Co-Financed Book Apps", *Publishing Research Quarterly*, n. 28, p. 17–22.

Kourdis, Evangelos, Petrilli, Susan (2020), "Introduction", *Translatability in Intersemiotic Space*, special issue of *Punctum. International Journal of Semiotics*, Evangelos Kourdis and Susan Petrilli (eds), vol. 6, n. 1, p. 5-14, online: https://punctum.gr/

Kress, Gunther, Van Leeuwen, Theo (2006), *Reading images – The grammar of visual design*, London, Routledge.

Kress, Gunther, Van Leeuwen, Theo (2001), *Multimodal Discourse: The Modes and Media of contemporary communication*, London, Arnold.

Kummerling-Meibauer, Bettina (2015), "The Impact of New Digital Media on Children's and Young Adult Literature", *Digital literature for children. Texts, Readers and Educational Practices*, Mireia Manresa and Neus Real (eds), Bern, Peter Lang, p. 57-71.

Ladmiral, Jean-René (1986), « Sourciers et ciblistes », *Revue d'esthétique*, n. 12, p. 33-42.

Lekehal, Mehdi, Maurin, Xavier, Prost, Bernard (2013), *Le Livre numérique*, Paris, Éditions du Cercle de la librairie.

Maingueneau, Dominique (2013a), « Écrivain et image d'auteur », *Se dire écrivain. Pratiques discursives de la mise en scène de soi*, Dominique Maingueneau, Pascale Delormas et Inger Østenstad (éds), Limoges, Lambert-Lucas, p. 13-28.

Maingueneau, Dominique (2013b), « Genres de discours et web : existe-t-il des genres web ? », *Manuel d'analyse du web*, Christine Carats (éd), Paris, Armand Colin, p. 74-93.

Maingueneau, Dominique (2004), *Le Discours littéraire. Paratopie et scène d'énonciation*, Paris, Armand Colin.

Manresa, Mireia (2015), "Traditional Readers and Electronic Literature. An Exploration of Perceptions and Readings of Digital Works", *Digital literature for children. Texts, Readers and Educational Practices*, Mireia Manresa and Neus Real (eds), Bern, Peter Lang, p. 105-120.

Manresa, Mireia, Real, Neus (2015), "Introduction", *Digital literature for children. Texts, Readers and Educational Practices*, Mireia Manresa and Neus Real (eds), Bern, Peter Lang, p. 9-24.

Marecki, Piotr, Małecka, Aleksandra (2016), "C()n Du It by Katarzyna Giełżyńska : a case of a total translation of an electronic literature work", *Miranda*, n. 12, p. 1-14, online: https://journals.openedition.org/miranda/8371

Marecki, Piotr, Montfort, Nick (2017), "Renderings: Translating literary works in the digital age", *Digital Scholarship in the Humanities*, vol. 32, Supplement 1, p. 84-91.

McCracken, Ellen (2013), "Expanding Genette's Epitext/Peritext Model for Transitional Electronic Literature: Centrifugal and Centripetal Vectors on Kindles and iPads", *Narrative*, vol. 21, n. 1, p. 105-124.

McCuiston, Kimberly, Woote, Deborah A. (2015), "Children's Literature Book Apps: Exploring New Paths for Books and Literacy Development", *Journal of Children's Literature*, vol. 41, n. 2, Fall 2015, p. 26-30, en ligne: https://eric.ed.gov/?id=EJ1079300

Meschonnic, Henri (2007), *Ethique et politique du traduire*, Paris, Verdier.

Meschonnic, Henri (1999), *Poétique du traduire*, Paris, Verdier.

Meschonnic, Henri (1995), *Politique du rythme, politique du sujet*, Lagrasse, Verdier.

Misiou, Vasiliki (2020), "Navigating a Multisemiotic Labyrinth: Reflections on the Translation of Mark Z. Danielewski's *House of Leaves*", *Translatability in Intersemiotic Space*, special issue of *Punctum. International Journal of Semiotics*, Evangelos Kourdis and Susan Petrilli (eds), vol. 6, n. 1, p. 243-264, online: file:///C:/Users/Sara%20Amadori/Downloads/060120_0012.pdf

Nachtergael, Magali (2017), « Le devenir-image de la littérature : peut-on parler de 'néo-littérature'? », *La tentation littéraire de l'art contemporain*, Pascale Mougin (dir), Dijon, Presses du réel, p. 291–304.

Nadiani, Giovanni (2007), *TAGS. Translation of artificially generated stories. Letteratura digitale – Traduzione – Teoria della traduzione*, Faenza, Mobydick.

Nadiani, Giovanni (2003), "Letteratura elettronica e sua traducibilità. Verso una teoria della traduzione digitale", *inTRAlinea*, vol. 6, online: http://www.intralinea.org/archive/article/1608

Nergaard, Siri (2000), "Un approccio semiotico alla traduzione multimediale", *La traduzione multimediale. Quale traduzione per quale testo?*, Rosa Maria Bollettieri Bosinelli, Christine Heiss, Marcello Soffritti e Silvia Bernardini (a cura di), Bologna, CLUEB, p. 431-449.

Nières-Chevrel, Isabelle (2014), « Destin éditorial d'*Alice's Adventures in Wonderland* : des enfants victoriens aux surréalistes français », *Word and Image*, vol. 30, n. 3, p. 287-297.

Nornes, Abé M. (2004), "For an abusive subtitling", *The translation studies reader*, Lawrence Vernuti (ed), London/New York, Routledge, p. 447-469.

Oittinen, Ritta (2000), *Translating for children*, New York/London, Garland.

Ouvry-Vial, Brigitte (2007), « L'acte éditorial : vers une théorie du geste », *L'énonciation éditoriale en question*, numéro monographique de la revue *Communication et langages*, Emmanuel Souchier (éd), n. 154, p. 67-82.

O'Sullivan, Carol, Jeffcote, Caterina (eds) (2013), *Translating Multimodalities*, Special issue of *The Journal of Specialised Translation*, n. 20, online: https://jostrans.org/issue20/issue20_toc.php

Paveau, Marie-Anne (2017), *L'analyse du discours numérique. Dictionnaire des formes et des pratiques*, Paris, Hermann.

Pederzoli, Roberta (2012), *La traduction de la littérature d'enfance et de jeunesse et le dilemme du destinataire*, Bruxelles, Peter Lang.

Perelman, Chaïm, Olbrechts-Tyteca, Lucie (2000), *Traité de l'argumentation*, Bruxelles, Editions de l'Université de Bruxelles.

Perret-Truchot, Laetitia (2015), « Activité interprétative et littérature de jeunesse sur album numérique : pistes de réflexion pour une mise en contexte », *Revue de recherches en littératie médiatique multimodale*, n. 1, en ligne : https://hal.archives-ouvertes.fr/hal-01658466/document

Pisarski, Mariusz, Górska Olesińska, Monika (2013), "On the Polish Translation of *Sea and Spar Between*", Presentation at Electronic Literature Organization 2013 "Chercher le texte", Paris, September 23-29, en ligne : https://elmcip.net/sites/default/files/media/critical_writing/attachments/gorska-olesinska_monika_and_pisarski_mariusz_on_polish_translation_of_sea_and_spar_between-maly-ilovepdf-compressed_0.pdf

Portela, Manuel, Mencia, Maria, Pold, Soren (2018), "Electronic literature translation : translation as process, experience and mediation", *Electronic Book Review*, May 30, online: http://electronicbookreview.com/essay/electronic-literature-translation-translation-as-process-experience-and-mediation/

Pressman, Jessica (2014), "Electronic Literature as Comparative Literature", *Paradigms*, June 28, online: https://stateofthediscipline.acla.org/entry/electronic-literature-comparative-literature-0

Prieto Ramada, Lucas (2015), "Common places in Children's E-Lit. A Journey Through the Defining Spaces of Electronic Literature", *Digital literature for children. Texts, Readers and Educational Practices*, Mireia Manresa and Neus Real (eds), Bern, Peter Lang, p. 37-53.

Regnauld, Arnaud (2018), "Beyond the Cybernetic Loop: Redrawing the Boundaries of E-lit Translation", *Tradução na Era Digital: Avanços e Desafios*, Erica Lima (dir), Belford Roxo, Rio de Janeiro, Editora Transitiva, p. 183-204.

Regnauld, Arnaud, Vanderhaeghe, Stéphane (2018), « afternoon, a story de Michael Joyce : vers une hypertraduction ? », *Traduire à plusieurs / Collaborative Translation*, Enrico Monti et Peter Schnyder (dir), Paris, Orizons, p. 399-412.

Regnauld, Arnaud, Vanderhaeghe, Stéphane (2014), « Machiner le subjectif », *Traduire l'hypermédia / l'hypermédia et le traduire, Cahiers virtuels du Laboratoire NT2*, n. 7, en ligne : http://nt2.uqam.ca/fr/cahiers-virtuels/article/machiner-le-subjectif.

Rickard, Peter (1975), "Alice in France or Can Lewis Carroll Be Translated?", *Comparative Literature Studies*, vol. 12, n. 1, p. 45- 66.

Romney, Claude (1984), "Problèmes culturels de la traduction d'*Alice in Wonderland* en français", *Meta*, vol. 29, n. 3, p. 267-280.

Saemmer, Alexandra (2015), *Rhétorique du texte numérique*, Villeurbanne, Presses de l'Enssib.

Saemmer, Alexandra (2011), « De la confirmation à la subversion : les figures d'animation face aux conventions du discours numérique », *Protée*, vol. 39, n. 1, p. 23-36.

Saemmer, Alexandra, Tréhondart, Nolwenn (2017), *Livres d'art numériques : De la conception à la réception*, Paris, Hermann.

Sargeant, Betty (2015), "What is an e-book? What is an app? And why should we care?", *Children's Literature in Education*, n. 46, p. 454-466.

Sargeant, Betty, Mueller, Florian F. (2014), "How Far is UP? Encouraging Social Interaction Through Children's Book App Design", *CHI EA '14: CHI '14 Extended Abstracts on Human Factors in Computing Systems*, p. 483–485, online: https://exertiongameslab.org/wp-content/uploads/2011/07/how_far_is_up_chi2014.pdf

Salter, Anastasia (2015), "Convergent Devices, Dissonant Genres: Tracking the 'Future' of Electronic Literature on the iPad", *Electronic Book Review*, January 1, online: http://electronicbookreview.com/essay/convergent-devices-dissonant-genres-tracking-the-future-of-electronic-literature-on-the-ipad/

Serafini, Frank (2015), "Multimodal literacy: From theories to practices", *Language Arts*, vol. 92, n. 6, p. 412-423.

Serafini, Frank, Kachorsky, Dani, Earl, Aguilera (2016), "Picture Books in the Digital Age", *The Reading Teacher*, vol. 69, n. 5, p. 509- 512.

Snell-Hornby, Mary (1988), *Translation studies: an integrated approach*, Amsterdam/Philadelphia, John Benjamins.

Souchier, Emmanuël (2007), « Formes et pouvoirs de l'énonciation éditoriale », *L'énonciation éditoriale en question*, numéro monographique de la revue *Communication et langages*, Emmanuel Souchier (éd), n. 154, p. 23-38.

Souchier, Emmanuël (éd) (2007), *L'énonciation éditoriale en question*, numéro monographique de la revue *Communication et langages*, n. 154.

Steiner, George (1975), *After Babel: aspects of language and translation*, Oxford, Oxford University Press.

Stichnothe, Hadassah (2014), "Engineering stories? A narratological approach to children's book apps", *Barnelitterært Forskningstidsskrift*, vol. 5, n. 1, online: https://doi.org/10.3402/blft.v5.23602

Susina, Jan (2010), *The Place of Lewis Carroll in Children's Literature*, New York, London, Routledge.

Sutton, Elizabeth (2012), « Interview : La Souris Qui Raconte dit tout sur le livre numérique jeunesse », entretien avec Françoise Prêtre, *IDBOOX*, en ligne : https://www.idboox.com/interviews/interview-la-souris-qui-raconte-dit-tout-sur-le-livre-numerique-jeunesse/

Tréhondart, Nolwenn (2019), « Le livre numérique enrichi : quels enjeux de littératie en contexte pédagogique ? », *Pratiques*, n. 183-184, mis en ligne le 30 décembre 2019, en ligne : http://journals.openedition.org/pratiques/7732

Tréhondart, Nolwenn (2018), « Pratiques de conception du livre numérique enrichi : enjeux idéologiques et créatifs », *Interfaces numériques*, vol. 7, n. 3, en ligne : https://doi.org/10.25965/interfaces-numeriques.3619

Tréhondart, Nolwenn (2014), « Le livre numérique 'augmenté' au regard du livre imprimé : positions d'acteurs et modélisations de pratiques », *Les Enjeux de l'information et de la communication*, vol. 15, n. 2, p. 23-37, en ligne : www.cairn.info/revue-les-enjeux-de-l-information-et-de-la-communication-2014-2-page-23.htm

Tréhondart, Nolwenn (2013), « Le livre 'enrichi', un hypermédia en construction : Enquête sur les représentations des éditeurs », *Pratiques et usages numériques H2PTM'13*, Imad Saleh, Manuel Zacklad, Sylvie Leleu-Merviel, Yves Jeanneret, Luc Massou, Ioan Roxin, François Soulages et Nasreddine Bouhaï (éds), Paris, Hermès-Lavoisier, p. 175-189.

Tremblay-Gaudette, Gabriel (2021), "You Can't Go Home Again: Moving afternoon Forward Through Translation", *When Translation Goes Digital*, Renée Desjardins, Claire Larsonneur and Philippe Lacour (eds), Berlin, Springer, p. 69-87.

Turriòn Penelas, Celia (2015), "Electronic Literature for Children Characterising Narrative Apps (2010-2014)", *Digital literature for children. Texts, Readers and Educational Practices*, Mireia Manresa and Neus Real (eds), Bern, Peter Lang, p. 87-102.

Ulrych, Margherita (2000), "Locating universal features of translation behaviour through multimedia translation studies", *La traduzione multimediale. Quale traduzione per quale testo?*, Rosa Maria Bollettieri Bosinelli, Christine Heiss, Marcello Soffritti e Silvia Bernardini (a cura di), Bologna, CLUEB, p. 406-429.

Unsworth, Len, Zhao, Sumin (2016), "Touch design and narrative interpretation: A social semiotic approach to picture book apps", *Apps, Technology and Younger Learners: International evidence for teaching*, Natalia Kucirkova and Garry Falloon (dirs), London, New York, Routledge, p. 87-101.

Van der Linden, Sophie (2006), *Lire l'album*, Le Puy-en-Velay, L'atelier du poisson soluble.

Venuti, Lawrence (2019), *Contra Instrumentalism. A Translation Polemic*, Nebraska, University of Nebraska Press.

Venuti, Lawrence (1995), *The Translator's Invisibility. A History of Translation*, London, New York, Routledge.

Watkins, John *et al.* (eds) (2002), *The Guide to Translation & Localization*, Portland, lingo-systems.

Weiß, Barb (2002), "Localization for Software and Web Sites: the Importance of Project Management", *The Guide to Translation & Localization*, John Watkins *et al.* (eds), Portland, lingo-systems, p. 38–39.

Yokota, Junko (2015), "The Past, Present and Future of Digital Picturebooks for Children", *Digital literature for children. Texts, Readers and Educational Practices*, Mireia Manresa and Neus Real (eds), Bern, Peter Lang, p. 71-86.

Yokota, Junko, Teale, William H. (2014), "Picture Books and the Digital World: Educators Making Informed Choices", *The Reading Teacher*, vol. 67, n. 8, p. 577–585.

Yuh-Ching, Yeh, Hsiang-Ju, Ho, Ming-Chung, Chen (2017), "Using Picture Book Apps to Assist Children's Heritage Language Self-Learning", *Telecommunication*, vol. 1, p. 158-174.

Yuste Frías, José (2010), « Au seuil de la traduction : la paratraduction », *Event or Incident. Evénement ou Incident. On the Role of Translation in the Dynamics of Cultural Exchange. Du rôle des traductions dans le processus d'échanges culturels*, Tom Naaijkens (éd), Bern, Peter Lang, p. 287-316.

Zanettin, Federico (2000), "Testi elettronici e traduzione. Orizzonti e risorse per la traduzione in rete", *La traduzione multimediale. Quale traduzione per quale testo?*, Rosa Maria Bollettieri Bosinelli, Christine Heiss, Marcello Soffritti e Silvia Bernardini (a cura di), Bologna, CLUEB, p. 335-350.

Zanettin, Federico (1999), "Testi elettronici e traduzione ipermediale. Tipologie testuali e modalità traduttive", *inTRAlinea*, vol. 2, online: http://www.intralinea.org/archive/article/1612

Zheng Ba, Yan H. (2018), *The Story, the Touchscreen and the Child: How Narrative Apps Tell Stories*, submitted in fulfilment of the requirements for the Degree of Doctor of Philosophy School of Education, College of Social Sciences, University of Glasgow, April 2018.

Corpus D'ouvrages Numériques Etudiés

Livres Enrichis

Voyage au centre de la terre (2012), de Jules Verne, création originale de L'Apprimerie, éditions interactives, design sonore par Emmanuel Séguin, traduction anglaise par ETC collectif. (Trophée Wouap Doo Apps 2012 ; Finaliste des Pépites numériques du Salon du livre et de la presse jeunesse de Montreuil 2012 ; Prix du numérique *Enfants Magazine* / Bayard Presse 2013).

Le Horla (2014), de Guy de Maupassant, création originale de L'Apprimerie, éditions interactives, design sonore Emmanuel Séguin, traduction anglaise par ETC collectif.

Il suffit parfois d'un cygne (2014), écrit et illustré par Emilie Chazerand et Nicolas Gouny, Paris, La Souris Qui Raconte. L'auteur.e de la traduction anglaise n'est pas mentionné.e.

Conte du haut de mon crâne (2014), écrit par Séverine Vidal et illustré par Claire Fauché, traduit en anglais par Amy C. Flechtmann, Paris, La Souris Qui Raconte.

Alice au Pays des Merveilles illuminé par Pat Andrea (2015), ebook réalisé par les éditions Diane de Selliers en écho au livre, conception éditoriale et suivi d'édition par Joséphine Barbereau, conception graphique, animation et développement par Félix Medioni. Traduction française par Henri Parisot. (Prix du livre numérique de IDBOOX : Prix du jury).

Appli-Livres Narratifs

La grande fabrique des mots (2010), écrit par Agnès de Lestrade et illustré par Valeria Docampo, musique et design du jeu Mixtvision Verlag, musique et design des sons Toneworks GmbH. Les auteur.e.s de la traduction anglaise et allemande ne sont pas mentionné.e.s. (L'ouvrage figure parmi les meilleures applications de livres d'enfants 2013 de BesteKinderApps. de et parmi les Best Book Apps of 2013 de Kirkus Reviews).

L'homme volcan (2011), écrit par Mathias Malzieu, illustré par Frédéric Perrin, mis en musique par le groupe Dionysos, coédition Flammarion & Actialuna, traduction anglaise par Sam Alexander, traduction espagnole par Paula Cifuentes, traduction japonaise par Naoko Kasama. (Lauréat du prix du livre numérique 2012, remis lors de la 10e cérémonie de *La Nuit du Livre*).

Dans mon rêve (2012), écrit et illustré par Stéphane Kiehl, e-Toiles éditions. L'auteur.e de la traduction anglaise n'est pas mentionné.e. (Prix du meilleur livre numérique 2012 remis au Salon du livre jeunesse de Bologne ; Sélection Pépite Création Numérique au Salon du livre jeunesse de Montreuil ; Editor's Choice Award – *Children's Technology Review*).

Bleu de toi (2012), ecrit, illustré et mis en musique par Dominique Maes, traduit en anglais par Marisa König-Beatty, Cotcotcot éditions.

Ogre doux (2012), écrit par Cathy Dutruch, illustré par Juliette Lancien, traduit en anglais par Amy C. Flechtmann, Paris, La Souris Qui Raconte.

Thibaut au pays des livres (2012), écrit par Céline Lavignette-Amoun, illustré par Gabrielle Richard, traduit en anglais par Amy C. Flechtmann, Paris, La Souris Qui Raconte.

L'ogresse (2012), écrit par Francine Pellaud, illustré par Clémentine Robach, traduit en anglais par Amy C. Flechtmann, Paris, La Souris Qui Raconte (Lauréat du prix du livre numérique décerné par *Enfant Magazine* le 9 octobre 2013).

Avec quelques briques (2014), écrit et illustré par Vincent Godeau, adaptation numérique par Cléa Dieudonné, développé par Christian de Wit, création de l'univers sonore par Benoit B (publication indépendante sur l'App Store). Les auteur.e.s de la traduction anglaise et néerlandaise ne sont pas mentionné.e.s. (Mention du BolognaRagazzi Digital Award en 2016).

Boum ! (2015), écrit et illustré par Mikaël Cixous, musique par Antonin Tri Hoang et Vincent Segal, avec le soutien du CNL, du Salon du livre et de la presse jeunesse, en version anglaise et française, Les inéditeurs. (Mention spéciale Fiction en 2016 du BolognaRagazzi Digital Award, Editor's choice Award de *Children's Technology Review*, et "Special Jury Prize" du Digital Ehon Awards en 2017).

Oh ! (2016), écrit, illustré et développé par Anouck Boisrobert, Louis Rigaud, en version française et anglaise, Made with unity. (Bologna Ragazzi Digital Award en 2017).

Phallaina (2016), écrit et illustré par Marietta Ren, développé et produit par Small Bang, traduit en anglais par Ilan Cohen, voix off française et anglaise de Elodie Huber, avec la participation du Centre National du Cinéma et de l'Image Animée, France Télévision – Small Bang. (Lauréat du prix de la Meilleure bande dessinée numérique 2016 au New Media Film Festival de Los Angeles, du Peabody Award en 2017 et du Prix du livre enrichi francophone pour la jeunesse de l'Ambassade de France au Canada, organisé en collaboration avec le Salon du livre de l'Outaouais).

Cache-cache ville (2017), écrit et illustré par Agathe Demois et Vincent Godeau, développé par Etamin Studios, en version française, anglaise, italienne, espagnole. (Mention du BolognaRagazzi Digital Award 2018).

Applications Ludo-Educatives

Le grand imagier de Petit Ours brun (2013), développée par GlobZ, en version française et anglaise, Bayam – Bayard Presse.

La maternelle Montessori (2019), créée par le collectif Edoki Academy, en version française, anglaise, allemande, espagnole, chinoise, coréenne. (BolognaRagazzi Digital Award 2019)

Applications Jeux vidéo

Mystère préhistorique (2015) développée par Slim Cricket, avec le soutien du Centre National du Cinéma et de l'Image Animée, en version française, anglaise, espagnole, allemande, italienne, portugaise.

The Wanderer : Frankenstein's Creature (2019), avec le soutien du Centre National du Cinéma et de l'Image Animée, en version française, italienne, anglaise, portugaise, russe, espagnole, allemande, La Belle Games, ARTE France. (BolognaRagazzi Digital Award 2020)

Travaux Interdisciplinaires et Plurilingues

Titres parus

Vol. 1   Klaus Morgenroth, Paul Vaiss & Joseph Farré (éds)
Les migrations du travail en Europe. 2003
ISBN 3-906769-37-2

Vol. 2   Thierry Grass
Quoi! Vous voulez traduire «Goethe»? Essai sur la traduction des noms propres allemand – français. 2002
ISBN 3-906770-26-5

Vol. 3   Otmar Seul, Bernd Zielinski & Uta Dupuy (éds)
De la communication interculturelle dans les relations franco-allemandes: Institutions – Enseignement et formation professionnelle – Entreprises. 2003
ISBN 3-03910-084-X

Vol. 4   Maurice Kauffer. *Les mots composés allemands en texte. Essai de synthèse méthodologique et critique.* 2005
ISBN 3-03910-449-7

Vol. 5   Stéphane Leymarie, Gérard Sautré & Guy Solle (éds)
Relations de travail et organisations: plaidoyer(s) pour une lecture paradoxale. 2005, 2006
ISBN 3-03911-145-0

Vol. 6   Gérard Mercelot
Négociations commerciales et objectifs spécifiques: De la description à l'enseignement des interactions orales professionnelles. 2006
ISBN 3-03910-965-0

Vol. 7   Nassima Bougherara
Les rapports franco-allemands à l'épreuve de la question algérienne (1955-1963). 2006
ISBN 3-03911-164-7

Vol. 8   María Pérez Calzada
         Transitivity in Translating. The Interdependence of Texture and Context. Preface by Ian Mason. 2007
         ISBN 978-3-03911-190-6 / US-ISBN 978-0-8204-8398-2

Vol. 9   Paul Vaiss & Klaus Morgenroth (éds)
         Les relations internationales au temps de la guerre froide. 2006
         ISBN 3-03911-201-5

Vol. 10 Elisabeth Lavault-Olléon (éd.)
         Traduction spécialisée: pratiques, théories, formations. 2007
         ISBN 978-3-03911-218-0

Vol. 11 Peter Jansen & Otmar Seul (Hrsg./éds)
         Das erweiterte Europa: Arbeitnehmerbeteiligung an der Entscheidungsfindung im Unternehmen. L'Europe élargie: la participation des salariés aux décisions dans l'entreprise. Traditionen im Westen, Innovationen im Osten? Traditions à l'Ouest, innovations à l'Est? 2009 ISBN 978-3-03911-669-0

Vol. 12 Annette Sousa Costa (éd.)
         Entre droit et morale: la finalité de la peine. Journée d'études du 13 novembre 2007, Université Paris Ouest Nanterre la Défense. 2010
         ISBN 978-3-0343-0402-3

Vol. 13 Brigitte Krulic (éd.)
         Raison(s) d'Etat(s) en Europe. Traditions, usages, recompositions. 2010
         ISBN 978-3-0343-0419-1

Vol. 14 Valérie De Daran
         «Traduit de l'allemand (Autriche)». Etude d'un transfert littéraire. 2010
         ISBN 978-3-0343-0482-5

Vol. 15 Bernd Zielinski & Brigitte Krulic (éds)
         Vingt ans d'Unification allemande. Histoire, mémoire et usages politiques du passé. 2010
         ISBN 978-3-043-0555-6

Vol. 16 Jean-Jacques Briu (éd.)
         Terminologie (I): analyser des termes et des concepts. 2011
         ISBN 978-3-0343-0583-9

Vol. 17 Jean-Jacques Briu (éd.)
Terminologie (II): comparaisons, transferts, (in)traductions. 2012
ISBN 978-3-0343-1055-0

Vol. 18 Brigitte Krulic (éd.)
L'ennemi en regard(s). Images, usages et interprétations dans l'histoire et la littérature (France, Allemagne, Russie, XVIIIe-XXe siècles). 2012
ISBN 978-3-0343-1144-1

Vol. 19 Anna Louyest et Graham Roberts (éds)
Être russe, écrire à l'étranger. 2013
ISBN 978-3-0343-1113-7

Vol. 20 Stephanie Rohlfing-Dijoux et Kerstin Peglow (éds)
La subsidiarité. Regards croisés franco-allemands sur un principe pluridisciplinaire. 2013
ISBN 978-3-0343-1135-9

Vol. 21 Pascale Cohen-Avenel (éd.)
Jazz, pouvoir et subversion de 1919 à nos jours / Jazz, Macht und Subversion von 1919 bis heute. 2014
ISBN 978-3-0343-1414-5

Vol. 22 Bernd Zielinski, Jean-Robert Raviot (éds.)
Les élites en question. Trajectoires, réseaux et enjeux de gouvernance : France, UE, Russie. 2014
ISBN 978-3-0343-1413-8

Vol. 23 Valérie de Daran & Marion George (éds)
Eclats d'Autriche. Vingt études sur l'image de la culture autrichienne aux XXe et XXIe siècles. 2014
ISBN 978-3-0343-1477-0

Vol. 24 Brigitte Krulic (dir.)
Savoirs et métiers de l'Etat au XIXe siècle. France et Etats germaniques. 2014
ISBN 978-3-0343-1504-3

Vol. 25 Dorothée Cailleux, Serguei Sakhno et Jean-Robert Raviot (dir.)
Situations de plurilinguisme et politiques du multilinguisme en Europe. 2016
ISBN 978-2-87574-353-4

Vol. 26 François Morvan
Aux sources de l'esprit français : la liberté de traduire. 2017
ISBN 978-2-8076-0544-2

Vol. 27 Florence Xiangyun Zhang et Keling Wei (dir.)
Recherche et traduction
Une vision engagée de la traduction. 2018
ISBN 978-3-0343-1504-3

Vol. 28 Sophie Guermès et Brigitte Krulic (dir.)
Edgar Quinet, une conscience européenne. 2018
ISBN 978-2-8076-0632-6

Vol. 29 Christine Bouneau & Laurent Coste (dir.)
Les conseillers du pouvoir en Europe du XVIe siècle à nos jours. Acteurs, cercles et pratiques. 2018
ISBN 978-2-8076-0833-7

Vol. 30 Adrien Frenay, Giulio Iacoli et Lucia Quaquarelli (dir.)
Traverser. Mobilité spatiale, espace, déplacements. 2019
ISBN 978-2-8076-0679-1

Vol. 31 Hervé Bismuth, Fritz Taubert (eds.)
Le Serment / Der Eid. De l'âge du Prince à l'ère des nations /
Vom Zeitalter der Fürsten bis zur Ära der Nationen. 2020
ISBN 978-2-8076-1581-6

Vol. 32 Dorothee Cailleux, Chiara Denti, Lucia Quaquarelli (dir.)
Expériences de traduction, Penser la traduction à travers ses pratiques. 2020
ISBN 978-2-8076-1070-5

Vol. 33 Sophie Guermes (dir.)
Le Nouveau Roman et les Etats-Unis. 2021
ISBN 978-2-8076-1461-1

Vol. 34 Florence Xiangyun Zhang et Nicolas Froeliger (dir.)
Traduire, un engagement politique
ISBN 978-2-8076-1716-2

Vol. 35 Pascale Cohen-Avenel, Lucia Quaquarelli (eds.)
The Reemergence of the common in the global era
ISBN 978-2-8076-1412-3

Vol. 36 Dorothée Cailleux et Chiara Denti (dir.)
Penser la traduction à travers ses pratiques. Contextes, fonctions et réceptions de la traduction
ISBN 978-2-87574-530-9

Vol. 37 Pascale Cohen-Avenel, Graham Roberts (eds.)
Whose Space is it Anyway? Place Branding and the Politics of Representation
ISBN 978-2-87574-542-2

Vol. 38 Laura Santone
Autour de la traduction : voix, rythmes, résonances
ISBN 978-3-0343-4879-9

Vol. 39 Fabio Regattin
Quand la traduction va au-delà de la traduction
ISBN 978-2-87574-953-6

Vol. 40 Sara Amadori
Traduire pour l'enfance à l'ère du numérique
ISBN 978-3-0343-5956-6

Vol. 41 Francesco Laurenti, Valentina Baselli (eds)
Collaborative Translation: Innovative Practices and Interactions Towards the Future
ISBN 978-3-0343-5424-0

www.peterlang.com

www.ingramcontent.com/pod-product-compliance
Lightning Source LLC
Chambersburg PA
CBHW061833300426
44115CB00013B/2360